KB234521

석 달에 끝내는 170 Patterns 기본 패턴 표현

석 달에 끝내는 170 기본 패턴 표현

초판 1쇄 발행 2014년 3월 3일

지은이	박신규
펴낸이	신성현, 오상욱
기획·편집	김현아
영업·관리	장신동, 허윤정
펴낸곳	도서출판 피그북스
	(153-778) 서울시 금천구 가산 디지털2로 14 대륭테크노타운 12차 1116호
대표전화	02-6343-0999
팩스	02-6343-0995
출판등록	2010년 7월 15일
	제 315-2010-000035호
ISBN	978-89-967562-2-4 13740

＊ 이 책에 게재된 내용의 일부 또는 전체를 무단으로 복제 및 발췌하는 것을 금합니다.

＊ 저자와의 협의에 따라 인지는 붙이지 않습니다.

＊ 잘못된 책은 구입하신 곳에서 교환해 드립니다.

www.iambooks.co.kr

PREFACE

저는 18년 동안 영어를 강의하고 있는 강사입니다. 하지만 영어 때문에 매일매일 고민합니다. 토익 강의를 할 때에는 토익 때문에, 영어 회화 강의를 할 때에는 영어 회화 때문에 고민을 합니다. 저와 영어 회화 공부를 함께 하고 있는 분들에게 늘 듣는 질문이 하나 있습니다. "매일 영어 회화를 공부해도 실력은 별로 느는 것 같지 않고, 해도 해도 끝은 안 보이고 어떻게 하면 좋을까요?"입니다. 그럴 때 저는 농담 삼아 "10년만 공부하세요."라고 말합니다. 물론 너무 조바심 내지 말고 영어 공부를 즐기라는 뜻이 담긴 거죠. 그래서 저는 늘 즐겁게 강의하려고 노력하고 있습니다. 다시 말해서 일이든 공부든 재미가 없으면 금방 싫증을 느끼게 됩니다. 그러면 어떻게 영어 회화를 좀 더 재미있고 효과적으로 할 수 있을까요?

영어에도 우리말처럼 평소에 자주 사용되는 패턴과 표현이 있습니다. 예를 들어 「명사 + be 동사 + on me(~은/는 제가 계산하죠)」는 하나의 패턴이고 다양한 명사를 넣으면 바로 표현이 되는 것이죠. "This coffee is on me.(이 커피값은 제가 낼게요.), Lunch is on me.(점심은 제가 사죠.)"처럼 다양한 표현들을 만들어 여러 상황에서 의사소통을 할 수 있는 것입니다. 이렇게 영어 회화는 패턴과 표현이 함께 잘 어울리면 그 학습 효과는 배가될 수 있으며 영어에 대한 흥미도 높아질 것입니다.

이 책은 초급, 중급, 고급으로 나뉘어 있고 총 170개의 기본 패턴 표현으로 구성되어 있습니다. 각 단계별로는 초급 60개, 중급 90개, 고급 20개로 돼 있습니다. 학습자는 각 단계를 차근차근 밟아 가며 재미있는 표현을 하나씩 자기 것으로 만들어 나가면 좋겠습니다.

아무쪼록 이 책이 영어 회화 공부에 어려움을 겪고 있는 많은 분들에게 조금이나마 도움이 되길 바라며, 마지막으로 저를 항상 끝까지 곁에서 지켜봐 주신 부모님과 가족, 저자로서 활동할 수 있는 기회를 주신 도서출판 아이엠북스의 관계자 여러분들, 그리고 영어 원고를 처음부터 끝까지 꼼꼼하게 감수해 주신 Bill Householder와 Doddie Householder에게 "I can't thank you enough!"라는 말을 전합니다.

Don't settle, keep Looking.

박 신 규

STRUCTURE and FEATURES

• 초급: Step 1-Step 6 •

• 중급: Step 7-Step 15 •

• 고급: Step 16-Step 17 •

• Review •

번호

각 표현별로 매긴 번호를 통해 학습자 스스
로 진도를 확인해 볼 수 있다.

난이도 표시

학습의 길잡이가 될 수 있도록 난이도
(★/★★/★★★)를 상단에 표시했다.

패턴별 기본 표현

학습할 패턴을 활용한 기본 표현을 해석과 함께 제시하였다.

표현 설명

기본 표현에 대한 간단한 설명을 통해 학습자는 이해를 높일 수 있다.

Talk Tip

만화의 대화 속에 나온 표현 중에 알아 두면 좋은 정보를 간략하게 제시하였다.

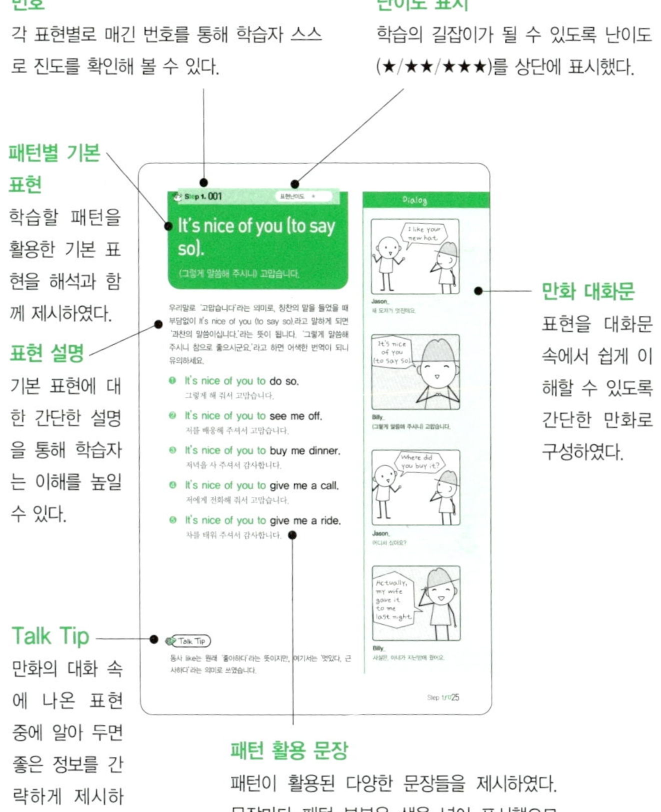

만화 대화문

표현을 대화문 속에서 쉽게 이해할 수 있도록 간단한 만화로 구성하였다.

패턴 활용 문장

패턴이 활용된 다양한 문장들을 제시하였다.
문장마다 패턴 부분은 색을 넣어 표시했으므
로 어떻게 쓰였는지 한눈에 알아볼 수 있다.

CONTENTS

Step 3

CONTENTS

Step 4

CONTENTS

CONTENTS

CONTENTS

Step 11

Step 12

CONTENTS

CONTENTS

석 달에 끝내는

170
Patterns

기본 패턴 표현

Step 1

001 It's nice of you (to say so).
(그렇게 말씀해 주시니) 고맙습니다.

002 I'm in trouble.
곤경에 처했어요.

003 I feel like having a drink.
술 한잔 마시고 싶네요.

004 Why don't you look around?
좀 둘러보시겠어요?

005 I'm out of money.
돈이 없습니다.

006 I'm going to take off.
나는 떠날 겁니다.

007 My radio is out of order.
제 라디오가 고장 났습니다.

008 What do you think of having lunch with me?
저와 점심 같이 하는 게 어때요?

009 Swimming isn't my thing.
수영하고는 담쌓았어요.

010 This is on me.
제가 계산하죠.

It's nice of you (to say so).

(그렇게 말씀해 주시니) 고맙습니다.

우리말로 '고맙습니다'라는 의미로, 칭찬의 말을 들었을 때 부담없이 It's nice of you (to say so).라고 말하게 되면 '과찬의 말씀이십니다.'라는 뜻이 됩니다. '그렇게 말씀해 주시니 참으로 좋으시군요.'라고 하면 어색한 번역이 되니 유의하세요.

❶ It's nice of you to **do so.**
그렇게 해 줘서 고맙습니다.

❷ It's nice of you to **see me off.**
저를 배웅해 주셔서 고맙습니다.

❸ It's nice of you to **buy me dinner.**
저녁을 사 주셔서 감사합니다.

❹ It's nice of you to **give me a call.**
저에게 전화해 줘서 고맙습니다.

❺ It's nice of you to **give me a ride.**
차를 태워 주셔서 감사합니다.

Talk Tip

동사 like는 원래 '좋아하다'라는 뜻이지만, 여기서는 '멋있다, 근사하다'라는 의미로 쓰였습니다.

Dialog

Jason_
새 모자가 멋진데요.

Billy_
(그렇게 말씀해 주시니) 고맙습니다.

Jason_
어디서 샀어요?

Billy_
사실은, 아내가 지난밤에 줬어요.

I'm in trouble.

곤경에 처했어요.

'곤경에 처하다, 큰일이 나다, 문제가 생기다'라는 말을 영어로 어떻게 표현하면 될까요? 영어로는 be in trouble로 표현합니다.

❶ **My family is in trouble.**
제 가족이 곤경에 처했어요.

❷ **My teacher is in trouble.**
제 선생님이 곤경에 처했어요.

❸ **I think we are in trouble.**
우리가 곤경에 빠진 것 같아요.

❹ **Mike and his wife are in trouble.**
Mike와 그의 부인이 곤경에 처했어요.

❺ **Cindy working as a secretary here is in trouble.**
여기서 비서로 근무하는 Cindy가 곤경에 처했어요.

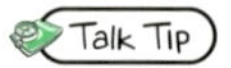 Talk Tip

대화에서 나온 upset은 '속상한, 마음이 상한'이라는 뜻입니다.

Jason_
Peter! 오늘 기분이 언짢아 보입니다.

Peter_
제게 문제가 생겼어요.

Jason_
무슨 일이 있었나요?

Peter_
시험에 또 떨어졌어요.

I feel like having a drink.

술 한잔 마시고 싶네요.

우리말 '술 한잔 마시고 싶어요.'에 해당하는 영어 표현 중에 I feel like having a drink.를 배워 보겠습니다. 영어에서 「feel like + -ing(동명사)」는 '~하고 싶다'라는 뜻으로서 다음과 같이 다양하게 표현해 볼 수 있습니다.

❶ I feel like **go**ing home.
집에 가고 싶습니다.

❷ I feel like **learn**ing Chinese.
중국어를 배우고 싶습니다.

❸ I feel like **tak**ing a nap.
낮잠을 자고 싶어요.

❹ I feel like **stopp**ing smoking.
담배를 끊고 싶습니다.

❺ I feel like **swimm**ing tonight.
오늘밤에 수영하고 싶어요.

Talk Tip

용건을 얘기하고 넌지시 의사를 타진하는 경우 What do you say?(어떻게 생각해요?)라고 말할 수 있습니다.

Jason_
이 레스토랑이 마음에 들 겁니다.

Susan_
분위기가 좋군요.

Jason_
술 한잔 마시고 싶네요. 어때요?

Susan_
좋습니다. 같이 한잔하죠.

Why don't you look around?

좀 둘러보시겠어요?

손님이 가게에 들어와서 무언가를 사려고 고민하고 있을 때 점원이 다가와서 '마음에 드는 물건이 있는지 좀 둘러 보시죠?'라는 의미의 말을 건네 옵니다. 이것을 영어로는 Why don't you look around?라고 표현합니다.

❶ Why don't you fix me a drink?
마실 것 한잔 주시겠습니까?

❷ Why don't you give me a ring?
저에게 전화하시죠?

❸ Why don't you stay for lunch?
점심 드시고 가시죠?

❹ Why don't you place an order?
주문하시죠?

❺ Why don't you go out with me tonight?
나와 오늘밤에 데이트할래요?

Talk Tip

영어에서 「I'm here to + 동사」라고 하면 우리말로 '저는 ~하러 여기에 왔어요'라는 표현입니다.

Dialog

Store Worker_
손님, 뭘 도와 드릴까요?

Customer_
안녕하세요. 아이들에게 줄 장난감을 사러 왔습니다.

Store Worker_
좀 둘러보시겠어요?

Customer_
그게 좋겠어요.

I'm out of money.

돈이 없습니다.

영어로 「out of + 명사」라고 하면 '～이 부족한, ～이 모자란'이라는 뜻이므로 I'm out of money.는 '저는 돈이 없어요.'라는 뜻이 됩니다.

❶ I'm out of **love.**
나는 외로워요.

❷ I'm out of **time.**
나는 시간이 없어요.

❸ I'm out of **energy.**
나는 지쳤어요.

❹ I'm out of **shape.**
나는 몸매가 엉망입니다.

❺ I'm out of **job.**
나는 직업이 없어요.

Talk Tip

영어로 to tell the truth와 비슷한 표현으로는 actually, honestly, to be honest with you 등이 있습니다.

Dialog

Jason_
돈 좀 빌려 주실 수 있습니까?

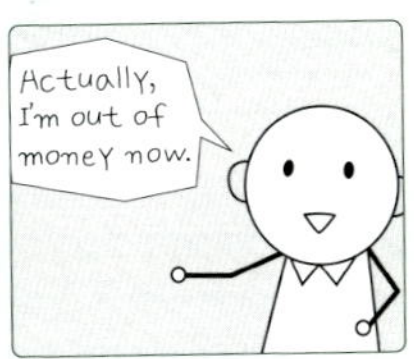

Billy_
사실, 지금 저는 돈이 없습니다.

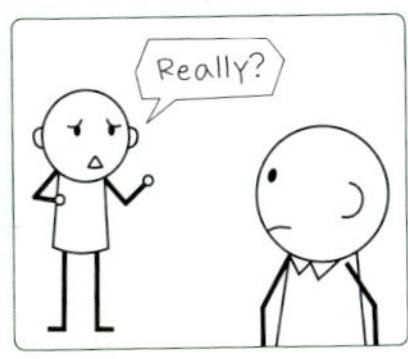

Jason_
정말이에요?

Billy_
네. 사실은, 어제 옷을 구입하는 데 너무 많은 돈을 썼어요.

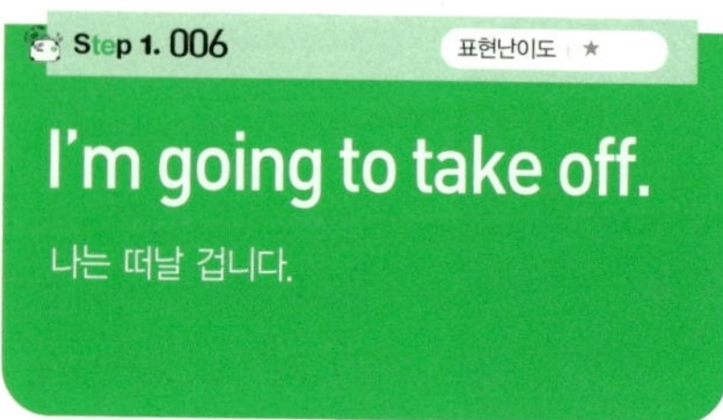

I'm going to take off.

나는 떠날 겁니다.

비행기가 이륙할 때 영어로는 take off라고 합니다. 이 표현을 이용해서 '저는 갑니다, 저는 떠납니다.'라는 뜻은 I'm gonna[going to] take off.라고 표현하면 됩니다.

❶ I'm going to travel alone.
나는 혼자 여행을 갈 겁니다.

❷ I'm going to be a doctor.
나는 의사가 될 겁니다.

❸ I'm going to clean up the house.
나는 집안 청소를 할 겁니다.

❹ I'm going to take a shower.
나는 샤워를 할 겁니다.

❺ I'm going to take a walk.
나는 산책을 할 겁니다.

Talk Tip

'뭐가 그리 급합니까?'를 영어로 What's the rush/hurry?라고 표현합니다.

Dialog

Cindy_
저는 지금 떠날 겁니다.

Billy_
뭐가 그리 급하죠? 지금 당장 떠날 필요는 없어요.

Cindy_
서울에서 참석해야 할 중요한 모임이 있습니다.

Billy_
아, 알겠어요.

My radio is out of order.

제 라디오가 고장 났습니다.

우리말의 '고장 나다, 작동이 안 되다'에 해당하는 표현은 영어로 be out of order입니다. 비슷한 뜻으로 break down이라는 표현이 있는데, My car is broken down. (차가 고장 났다.)과 같이 씁니다.

❶ My computer is out of order.
컴퓨터가 고장이 났어요.

❷ My printer is out of order.
프린터가 고장이 났습니다.

❸ My cell phone is out of order.
핸드폰이 작동이 안 됩니다.

❹ My television is out of order.
텔레비전이 고장 났습니다.

❺ The toilet is out of order.
변기가 고장 났습니다.

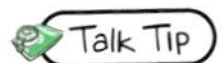

Talk Tip

'~해도 될까요?'라고 공손하게 묻고 싶을 때 「May I + 동사…?」를 사용해서 말해 보세요.

Dialog

Jason_
잠시 동안 당신 라디오 좀 사용해도 될까요?

Billy_
안 될 것 같아요. 미안합니다. 제 라디오는 고장 났습니다.

Jason_
수리할 겁니까?

Billy_
물론이죠. 지금 수리 중입니다.

What do you think of having lunch with me?

저와 점심 같이 하는 게 어때요?

우리말의 '어때요?' 또는 '어떻게 생각하세요?'에 해당하는 영어 표현이 바로 What do you think of...?(~에 대해서 어떻게 생각하느냐?)인데, 또 다른 표현인 What do you say to -ing?(~하는 것이 어때요?)는 용건을 얘기하고 넌지시 의사를 타진하는 경우에 주로 사용합니다.

❶ **What do you think of** tak**ing** a **break?**

　잠시 쉬는 것이 어떻습니까?

❷ **What do you think of** go**ing** home?

　집에 가는 게 어떻습니까?

❸ **What do you think of** be**ing** quiet?

　조용히 있는 게 어때요?

❹ **What do you think of** stay**ing** over **night?**

　하룻밤 지내고 가시죠?

❺ **What do you think of** smok**ing** less every day?

　매일 담배 좀 덜 피우는 것이 어때요?

Talk Tip

name에는 동사로 '말하다, 언급하다, 이름을 대다'라는 뜻이 있습니다.

Dialog

Jason_
Jane, 오늘 저와 점심 같이 하는 게 어때요?

Jane_
하고 싶지만, 저는 선약이 있어요. 내일 오후가 어때요?

Jason_
좋습니다. 시간과 장소만 말씀하세요.

Jane_
알겠어요.

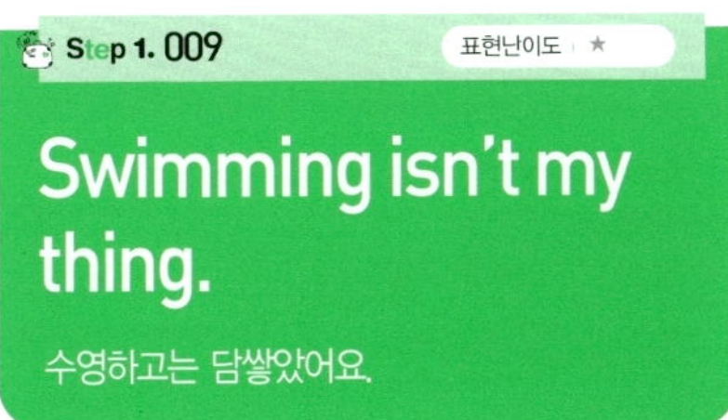

Swimming isn't my thing.

수영하고는 담쌓았어요.

우리말의 '~하고는 거리가 멀어요, ~와는 담쌓았습니다' 에 해당하는 표현을 영어로 말한다면 A isn't my thing.(A 하고는 거리가 멀어요.)과 같이 사용합니다.

❶ **Dating** isn't my thing.
데이트하고는 담쌓았어요.

❷ **Business** isn't my thing.
사업에는 자신이 없습니다.

❸ **School** isn't my thing.
학교와는 담쌓았어요.

❹ **Music** isn't my thing.
음악과는 거리가 멀어요.

❺ **Information technology** isn't my thing.
정보 기술과는 거리가 멀어요.

Talk Tip

'~에 능숙하다, 잘하다'는 영어로 be good at으로 표현합니다.

Jason_
수영하는 것을 좋아하세요?

Billy_
아니요. 사실, **수영하고는 담쌓았어요.**

Jason_
저는 수영을 잘해요. 자유형을 배웠거든요. 원하시면, 수영하는 법을 가르쳐 드리겠습니다.

Billy_
고마워요.

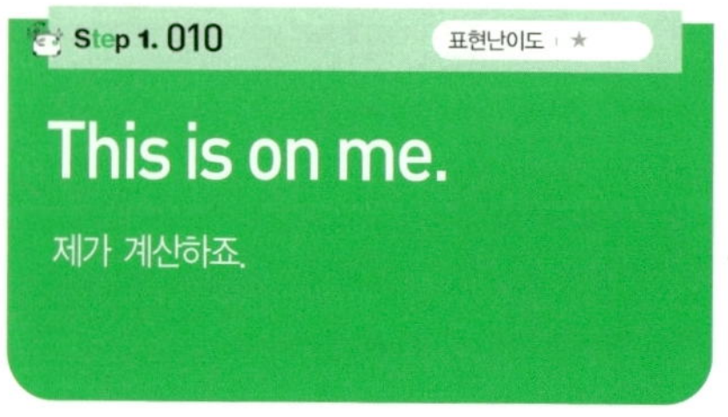

This is on me.

제가 계산하죠.

식당에서 식사를 마치고 난 후 또는 술집에서 술을 마시고 난 후, 음식값이나 술값을 내겠다는 의미로 This is on me.를 사용할 수 있습니다.

❶ **This coffee is on me.**
이 커피는 제가 계산하죠.

❷ **This milk is on me.**
이 우유는 제가 사 드리죠.

❸ **This movie is on me.**
이 영화는 제가 계산하죠.

❹ **This concert is on me.**
이 콘서트는 제가 부담하죠.

❺ **This lunch is on me.**
이 점심은 제가 계산하겠습니다.

Talk Tip

식사를 한 후에 Have you had enough?라고 하면 '식사 많이 하셨습니까?'라는 의미입니다.

Dialog

Jason_
식사 많이 하셨어요?

Joan_
물론이죠.

Jason_
제가 계산할게요.

Joan_
정 그러시다면.

Let's take a **Review**

001. 고맙습니다. (it, nice, you, is, of)

_________________________________.

002. 곤경에 처했어요. (I'm, trouble, in)

_________________________________.

003. 술 한잔 마시고 싶네요. (I, like, feel, a, having, drink)

_________________________________.

004. 좀 둘러보시죠? (don't, why, look, you, around)

_________________________________?

005. 돈이 없습니다. (I'm, money, of, out)

_________________________________.

006. 나는 떠날 겁니다. (I'm, off, going, take, to)

_________________________________.

007. 제 라디오가 고장 났습니다. (radio, my, is, order, out of)

_________________________________.

008. 저와 점심 같이 하는 게 어때요?
(what, me, with, having, lunch, you, think, do, of)

_________________________________?

009. 수영하고는 담쌓았어요. (swimming, my, isn't, thing)

_________________________________.

010. 제가 계산하죠. (is, this, me, on)

_________________________________.

Step 2

011 **Can I ask you a personal question?**
사적인 질문 하나 해도 될까요?

012 **It's a steal.**
정말 가격이 싸네요.

013 **I'm a fast learner.**
저는 빨리 배우는 편입니다.

014 **Shall we dance?**
우리 춤출까요?

015 **I don't care about what happened.**
무슨 일이 있었는지 관심 없어요.

016 **Do you have the time?**
몇 시입니까?

017 **Can I have a word with you?**
얘기 좀 할까요?

018 **What's wrong with you?**
왜 그래요?[무슨 일 있어요?]

019 **Let's take five.**
5분간 쉽시다.

020 **I'm sorry to bother you.**
귀찮게 해서 죄송합니다.

Can I ask you a personal question?

사적인 질문 하나 해도 될까요?

혹시 상대방이 대답하기 곤란한 상황일 경우를 대비해서 Can I ask you a personal question?(사적인 질문 하나 해도 될까요?)이라고 먼저 말을 건넨 후에 대화를 나누는 것이 좋습니다.

❶ Can I go now?
지금 제가 가도 될까요?

❷ Can I ask your name?
이름 좀 물어볼 수 있을까요?

❸ Can I take a break?
잠시 쉴 수 있을까요?

❹ Can I hit the road?
제가 출발해도 될까요?

❺ Can I take a rain check?
다음 기회로 미룰 수 있을까요?

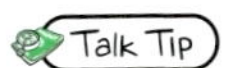
Talk Tip

영어로 I can't tell you offhand.라고 하면 '당장 뭐라고 말씀 못 드리겠어요.'라는 뜻으로 대답하기 곤란할 때 사용합니다.

Dialog

Jason_
사적인 질문 하나 해도 될까요?

Jina_
물론이죠.

Jason_
왜 결혼 안 하셨습니까?

Jina_
글쎄요, 당장 뭐라고 말씀 못 드리겠군요.

It's a steal.

정말 가격이 싸네요.

물건을 굉장히 싸게 구입했을 때 It's a steal.이라고 하면 '훔친 것과 마찬가지로 싸다'는 뜻이 됩니다. 다시 말해서 '물건을 훔친 것처럼 돈을 거의 지불하지 않았다', 즉 '정말 가격이 싸다'라는 의미로 이해하고 사용하면 좋습니다.

❶ It's a deal.
이것으로 거래를 매듭지읍시다.

❷ It's a very nice neighborhood.
아주 좋은 동네입니다.

❸ It's a shame you can't come with me.
함께 갈 수 없다니 안타깝네요.

❹ It's a beautiful day.
날씨가 참 좋군요.

❺ It's a rip-off.
완전 바가지입니다.

🔖 **Talk Tip**

상대방이 무언가를 돈을 얼마나 지불해서 샀는지 알고 싶을 경우 How much did you pay for it?이라고 물어보면 됩니다.

Dialog

Jason_
옷이 멋있네요. 얼마에 샀어요?

Susan_
약 10달러요.

Jason_
정말 가격이 싸네요.

Susan_
저도 그렇게 생각합니다.

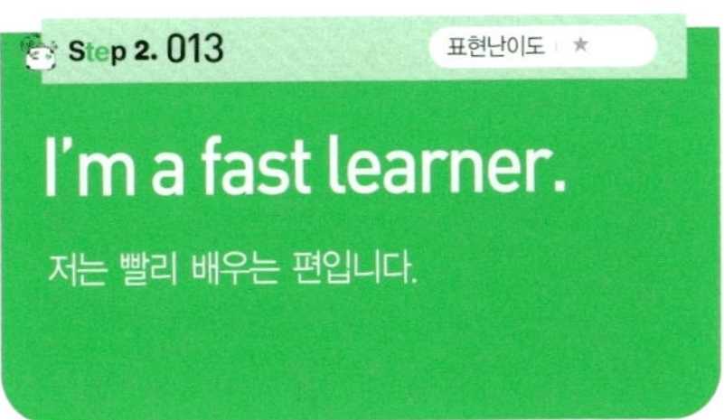

I'm a fast learner.

저는 빨리 배우는 편입니다.

남들보다 무언가를 빨리 터득하는 경우 '저는 빨리 배우는 편입니다.'라고 말을 하게 되는데 영어로는 I'm a fast learner.라고 표현하면 됩니다.

❶ **I'm a good singer.**
저는 노래를 잘합니다.

❷ **I'm a good cook.**
저는 요리를 잘합니다.

❸ **I'm the best driver.**
저는 운전을 잘해요.

❹ **I'm a stranger here myself.**
저도 여기를 잘 모릅니다.

❺ **I'm a talkative person.**
저는 수다쟁이입니다.

Talk Tip

상대방에게 '~해 본 경험이 있습니까?'라고 묻고 싶을 때 Have you ever...?의 패턴을 활용하면 됩니다.

Dialog

Yuna_
도와 드릴까요?

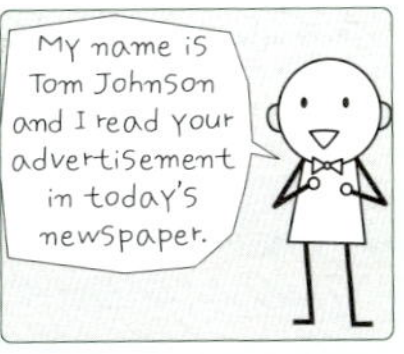

Johnson_
제 이름은 Tom Johnson입니다. 오늘 신문에서 귀사의 광고를 읽었습니다.

Yuna_
전에 식당에서 일해 본 경험이 있으세요?

Johnson_
아니요, 하지만 **저는 빨리 배우는 편입니다.**

Shall we dance?

우리 춤출까요?

Richard Gere가 변호사로 등장했던 〈Shall We Dance?〉라는 제목의 영화가 있었는데 영화 제목만 잘 활용해 보아도 좋은 영어 회화 문장을 만들 수 있습니다.

❶ **Shall we swim together?**
수영 같이 할까요?

❷ **Shall we have a drink?**
한잔할까요?

❸ **Shall we have a meal?**
식사나 할까요?

❹ **Shall we go to the movies?**
영화관에 갈까요?

❺ **Shall we take a walk?**
산책이나 나갈까요?

Talk Tip

영어로 I'm not good at...은 우리말로 '～을/를 잘 못하다'라는 의미입니다. 비슷한 표현으로 I'm poor at...이 있습니다.

Dialog

Man_
우리 춤출까요?

Woman_
사실, 저는 춤을 잘 추지 못해요.

Man_
어떻게 춤을 추는지 가르쳐 드리죠.

Woman_
좋아요.

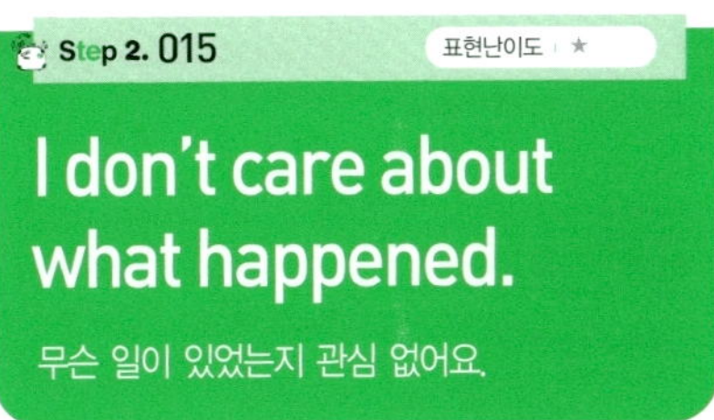

I don't care about what happened.

무슨 일이 있었는지 관심 없어요.

영화 속에서 정말 많이 나오는 대사가 바로 "I don't care." 또는 속어로 "I don't give a shit."인데, 모두 '상관없어, 신경 안 써, 관심 없어.'라는 뜻입니다.

❶ **I don't care about politics.**
정치에 관심이 없어요.

❷ **I don't care about you.**
당신에게 관심이 없어요.

❸ **I don't care about her at all.**
그녀에게 전혀 관심이 없어요.

❹ **I don't care about being famous.**
유명해지는 것에 관심이 없어요.

❺ **I don't care about this meeting.**
이 모임에 관심이 없어요.

 Talk Tip

영어로 Are you pulling my leg?라고 하면 '농담이시죠?'라는 뜻이므로 Are you kidding/joking?과 의미가 같습니다.

Dialog

Mina_
고백할 게 있어요.

Susan_
사실, 무슨 일이 있었는지 관심 없어요.

Mina_
농담하는 거죠?

Susan_
아니요, 진심입니다.

Do you have the time?

몇 시입니까?

시간을 묻는 표현으로, 정관사인 the가 time 앞에 와서 바로 현재 시간을 가리킵니다. 그러므로 의미상 '지금 몇 시죠?'라는 뜻이 됩니다.

❶ **Do you have** any plans tonight?
오늘밤 어떤 계획이 있습니까?

❷ **Do you have** any questions?
질문이 있습니까?

❸ **Do you have** any brothers?
형제들이 있습니까?

❹ **Do you have** any particular movie in your mind?
혹시 마음에 두고 있는 특별한 영화라도 있나요?

❺ **Do you have** a little time?
시간이 조금 있나요?

Talk Tip

상대방의 말을 제대로 이해하지 못해서 되물을 경우에 I beg your pardon?이라고 끝을 올려 말하면 됩니다.

Dialog

Jason_
실례합니다. 몇 시죠?

Billy_
지금 뭐라고 말씀하셨죠?

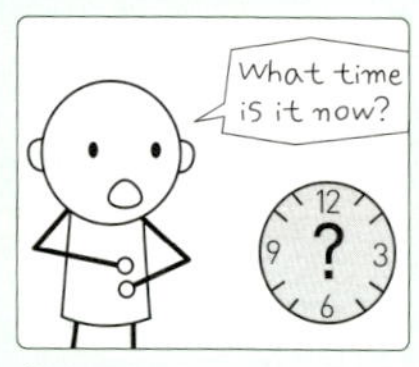

Jason_
지금 몇 시나 되었나요?

Billy_
아침 열 시입니다.

Can I have a word with you?

얘기 좀 할까요?

영어로 Can I have a word with you?라고 하면 '얘기 좀 나눌까요?' 또는 '얨기 좀 할 수 있을까요?'라는 뜻이 됩니다.

❶ Can I have a word with him?
그와 얘기를 나눌 수 있을까요?

❷ Can I have a word with her?
그녀와 얘기를 나눌 수 있을까요?

❸ Can I have a word with your younger brother?
당신 남동생과 얘기를 나눌 수 있을까요?

❹ Can I have a word with your husband?
당신 남편과 얘기를 나눌 수 있을까요?

❺ Can I have a word with Mr. Kim for a second?
미스터 김과 잠시 얘기를 나눌 수 있을까요?

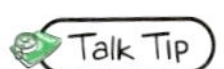

Talk Tip

'~하고 싶은 심정/기분이 아니다'를 영어로 「be not in the mood to + 동사」로 표현합니다.

Dialog

Jason_
Mike! 얘기 좀 할까요?

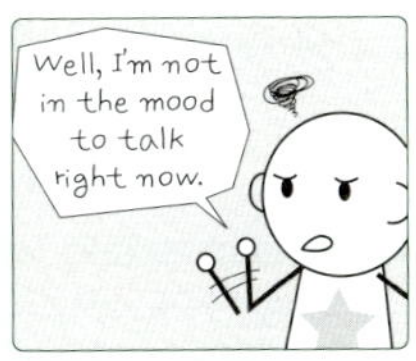

Mike_
지금 얘기할 기분이 아닙니다.

Jason_
왜 그래요?

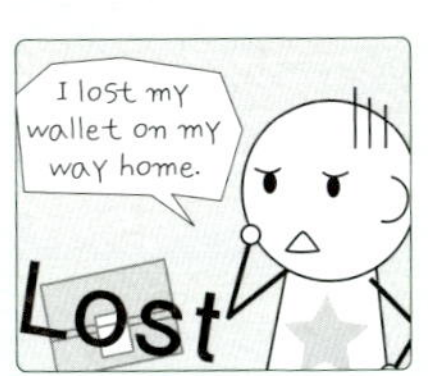

Mike_
집으로 가는 도중에 지갑을 잃어버렸습니다.

What's wrong with you?

왜 그래요?[무슨 일 있어요?]

상대방이 평소와는 다르게 행동을 하거나 말을 하면 '왜 그래?', '무슨 일이야?'라고 묻게 되는데, 이를 영어로는 간단하게 What's wrong with you?나 What is it? 또는 What's wrong?이라고 표현하면 됩니다.

❶ **What's wrong with** this project?
이 프로젝트가 뭐가 잘못된 거죠?

❷ **What's wrong with** his answer?
그의 답변이 뭐가 문제죠?

❸ **What's wrong with** my presentation?
제 발표가 뭐가 문제인가요?

❹ **What's wrong with** your face?
얼굴이 왜 그렇죠?

❺ **What's wrong with** your car?
당신 차에 무슨 문제라도 있나요?

Talk Tip

동사 die보다는 pass away(돌아가시다)가 더 정중한 표현입니다.

Dialog

Jason_
Diana! **왜 그래요?** 오늘 약간 슬퍼 보여요.

Diana_
아버지께서 지난밤에 돌아가셨어요.

Jason_
아, 안됐군요.

Diana_
괜찮아요.

Let's take five.

5분간 쉽시다.

쉬운 단어로 이루어진 문장이지만 '5분간 휴식을 가집시다.'라는 뜻을 영어로 표현하는 것이 말처럼 쉬운 것은 아닙니다. 간단하게 Let's take five.라고 하면 좋습니다.

❶ **Let's** go for a walk.
   산책하러 갑시다.

❷ **Let's** go for a jog.
   조깅하러 갑시다.

❸ **Let's** go shopping together.
   함께 쇼핑하러 갑시다.

❹ **Let's** hit the road.
   자, 갑시다.

❺ **Let's** grab a bite to eat.
   간단하게 먹죠.

Talk Tip

보통 '배고프다'를 영어로 I'm hungry.라고 하는데, 배가 몹시 고플 경우에는 I'm famished. 또는 I'm starving.이라고도 표현합니다.

Jason_
5분간 쉽시다.

Ann_
좋아요. 사실, 저는 배가 많이 고파요.
간단하게 먹는 게 어떨까요?

Jason_
제 마음을 읽으셨네요. 중국 음식이 어때요?

Ann_
저는 중국 음식을 좋아해요.

I'm sorry to bother you.

귀찮게 해서 죄송합니다.

동사 bother는 '귀찮게 하다' 라는 뜻 외에도 때로는 '신경 쓰이게 하다, 걱정하게 만들다'라는 뜻으로 쓰인다는 것도 기억해야 합니다. 그래서 I'm sorry to bother you.라고 하면 문맥에 따라 '귀찮게 해서 죄송합니다.'뿐 아니라 '걱정하게 만들어 미안하다.'라고도 해석할 수 있습니다.

❶ **I'm sorry to wake you up at night.**
밤에 깨워서 미안합니다.

❷ **I'm sorry to be late again.**
또 다시 늦어서 죄송합니다.

❸ **I'm sorry to call you again.**
다시 전화해서 미안합니다.

❹ **I'm sorry to have to break my word.**
약속을 어길 수 밖에 없어서 미안해요.

❺ **I'm sorry to have kept you waiting so long.**
오래 기다리게 해서 죄송합니다.

Talk Tip

「how can I get to + 장소?」의 구문을 사용해 길을 물어볼 수 있습니다.

Dialog

Man 1_
실례합니다. 시청을 어떻게 가죠?

Man 2_
죄송해요. 저도 여기를 잘 모릅니다.

Man 1_
귀찮게 해서 죄송합니다.

Man 2_
괜찮습니다. 도와 드리지 못해 미안합니다.

011. 사적인 질문 하나 해도 될까요?

(ask, you, can, I, a, question, personal)

_______________________________________?

012. 정말 가격이 싸네요. (it's, steal, a)

_______________________________________.

013. 저는 빨리 배우는 편입니다. (a, I'm, learner, fast)

_______________________________________.

014. 우리 춤출까요? (dance, shall, we)

_______________________________________?

015. 무슨 일이 있었는지 관심 없어요. (I, care, what, about, don't, happened)

_______________________________________.

016. 몇 시입니까? (time, do, the, you, have)

_______________________________________?

017. 얘기 좀 할까요? (you, can, I, word, a, have, with)

_______________________________________?

018. 왜 그래요? (what's, you, with, wrong)

_______________________________________?

019. 5분간 쉽시다 (let's, five, take)

_______________________________________.

020. 귀찮게 해서 죄송합니다. (you, to, I'm, bother, sorry)

_______________________________________.

021 Thank you for your time.
시간 내 주셔서 고맙습니다.

022 Can I offer you some coffee?
커피 좀 드릴까요?

023 I'm not interested in him.
그에게는 관심 없어요.

024 May I join you?
함께 할 수 있을까요?

025 I've got so much to do.
저는 할 일이 아주 많아요.

026 Please don't interrupt me.
제발 방해하지 마세요.

027 You look somewhat familiar.
좀 낯이 익네요.

028 He just stepped out.
그는 방금 전에 나갔습니다.

029 Are you nuts?
정신 나갔어?

030 What's the rush?
왜 그리 서두르세요?

Thank you for your time.

시간 내 주셔서 고맙습니다.

친구나 동료 그리고 상사와의 대화를 마친 후 종종 우리는 '시간을 내 주셔서 고맙습니다.'라고 감사의 말을 건네게 되는데, 이럴 때 영어로는 Thank you for your time.이라고 합니다.

❶ **Thank you for** your information.
정보 고마워요.

❷ **Thank you for** your invitation.
초대 감사드립니다.

❸ **Thank you for** your help.
도움에 감사드립니다.

❹ **Thank you for** your hospitality.
환대에 감사드립니다.

❺ **Thank you for** your advice.
충고 고맙습니다.

Talk Tip

'저는 (이제) 가야겠어요.'를 영어로 I should be going. 또는 I gotta go now.라고 표현합니다.

Dialog

Jason_
아이고, 늦었군요. 지금 가야겠습니다.

Billy_
이렇게 빨리요?

Jason_
네. 아무튼, 시간 내 주셔서 고맙습니다.

Billy_
다음에 또 와 주시길 바랍니다.

Can I offer you some coffee?

커피 좀 드릴까요?

동사 offer는 수여 동사로 목적어가 두 개 옵니다. 다시 말해서 간접목적어(사람)와 직접목적어(사물)를 동시에 취합니다. 그러므로 Can I offer you some coffee?라고 하면 '커피 좀 드릴까요?'라는 뜻으로, you가 간접목적어(~에게), some coffee가 직접목적어(~을/를)에 해당합니다.

❶ **Can I give you a hand?**
도와 드릴까요?

❷ **Can I give you a ride?**
태워 드릴까요?

❸ **Can I give you a buzz?**
전화해도 될까요?

❹ **Can I help you with anything?**
뭘 도와 드릴까요?

❺ **Can I get a guided tour?**
가이드 안내를 받으며 관람할 수 있을까요?

Talk Tip

Please make yourself at home.(편히 쉬세요.)이라는 표현은 집을 방문한 손님에게 사용하면 좋습니다.

Dialog

Staff_
편히 쉬세요.

Visitor_
고마워요.

Staff_
커피 좀 드릴까요?

Visitor_
고맙지만 괜찮습니다.

I'm not interested in him.

그에게는 관심 없어요.

「I'm not interested in + 명사」의 패턴을 활용하여 '~에 관심이 없다'는 다양한 문장을 만들 수 있습니다.

❶ **I'm not interested in this project.**
이 프로젝트에 관심 없어요.

❷ **I'm not interested in this program.**
이 프로그램에 관심 없습니다.

❸ **I'm not interested in that concert.**
그 콘서트에 관심 없어요.

❹ **I'm not interested in her.**
그녀에게 관심 없습니다.

❺ **I'm not interested in his appearance.**
그의 외모에 관심 없어요.

Talk Tip

Let's take five.는 Let's take a five-minute break.(5분간 쉽시다.)의 준말입니다.

Jason_
5분간 쉽시다. 여기서 담배 피울 수 있나요?

Billy_
이 구역에서는 금연입니다. 밖으로 나갑시다.

Jason_
알았습니다. 그런데 사장님은 어떤 분이시죠?

Billy_
그에게는 관심 없어요.

May I join you?

함께 할 수 있을까요?

커피숍이나 식당에서 아는 사람을 만나게 되면 우리는 '이 게 누구신가!(Look who's here!)'라고 아는 체를 한 뒤, '앉아도 될까요?' 또는 '함께 할 수 있나요?'라고 하며 합 석하는 경우가 있는데 영어로는 May I join you?라고 합 니다.

❶ **May I take your order, please?**
주문하시겠습니까?

❷ **May I introduce myself?**
제 소개를 해도 될까요?

❸ **May I see your prescription?**
처방전을 보여 주시겠어요?

❹ **May I have your name?**
성함이 어떻게 되십니까?

❺ **May I ask who's calling?**
전화하신 분이 누구시죠?

Talk Tip

see a movie는 '(영화관에 가서) 영화를 보다'라는 뜻입니다.

Dialog

Jane_
오늘밤에 뭘 할 계획이죠?

Jason_
영화를 볼 겁니다.

Jane_
함께 할 수 있을까요?

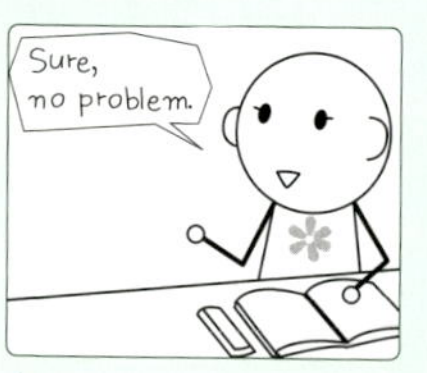

Jason_
그럼요, 물론이죠.

I've got so much to do.

저는 할 일이 아주 많아요.

I've got so much to do.에서 much 다음에 things가 생략되어 있다고 보면 됩니다.

❶ **Our math teacher** has got so much to do.
우리 수학 선생님은 할 일이 아주 많습니다.

❷ **My new secretary** has got so much to do.
제 새 비서는 할 일이 아주 많습니다.

❸ **I still** have got so much to do.
난 아직도 할 일이 아주 많습니다.

❹ **This musical director** have got so much to do.
이 음악 감독은 할 일이 아주 많습니다.

❺ **Your father seems to** have so much to do.
당신 아버지께서는 할 일이 아주 많으신 것 같아요.

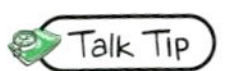

Talk Tip

If you say so.(정 그렇다면.)는 일상생활 속에서 자주 사용하는 표현입니다.

Dialog

Jason_
점심시간에 산책하는 게 어떨까요?

Billy_
그러고 싶지만, 저는 할 일이 아주 많아요.

Jason_
휴식 좀 가지세요.

Billy_
글쎄요, 정 그렇다면.

Please don't interrupt me.

제발 방해하지 말아요.

동사 interrupt는 '방해하다, 가로막다'라는 뜻이므로 Please don't interrupt me.라고 말을 하게 되면 '방해하지 마세요.'라는 뜻입니다. 그러므로 중요한 일을 하는 도중에 누군가가 자꾸 귀찮게 할 경우 Please don't interrupt me.라고 정중하게 말을 건네면 좋습니다.

❶ Please don't call me tonight.
오늘밤 저에게 전화하지 마세요.

❷ Please don't visit his house.
그의 집을 방문하지 마세요.

❸ Please don't use my computer.
제 컴퓨터를 사용하지 마십시오.

❹ Please don't give her a hand.
그녀를 도와주지 마십시오.

❺ Please don't walk away from me.
제 곁에서 떠나지 말아 주세요.

Talk Tip

Could you do me a favor?는 '부탁 좀 들어 주시겠어요?'라는 표현입니다.

Dialog

Jason_
Jane, 부탁 좀 들어 주시겠어요?

Jane_
물론이죠.

Jason_
제가 전화를 받는 동안에는 **제발 방해하지 말아요.**

Jane_
아, 정말 죄송합니다.

You look somewhat familiar.

좀 낯이 익네요.

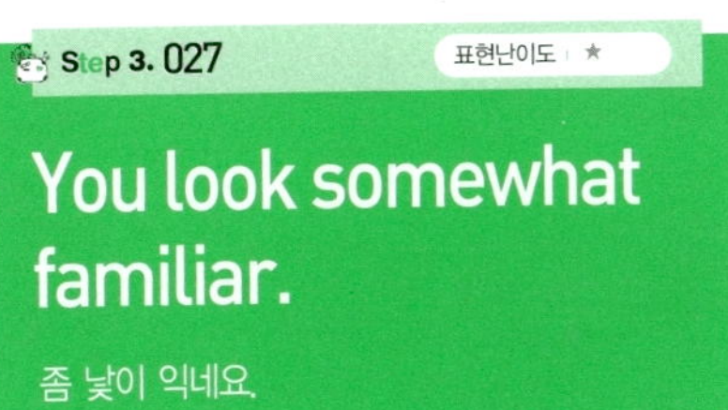

어디서 본 듯한 느낌이 드는 상대방에게 You look somewhat familiar.이라고 하면 '좀 낯이 익네요.'라는 뜻입니다.

❶ **You look tired.**
피곤해 보입니다.

❷ **You look upset.**
언짢아 보입니다.

❸ **You look a little down.**
기운이 좀 없어 보입니다.

❹ **You look angry.**
화난 것처럼 보입니다.

❺ **You look exhausted.**
지쳐 보입니다.

Talk Tip

관용어로 You bet.이라고 하면 You're right.와 같은 표현으로 '맞습니다.'라는 뜻입니다.

Dialog

Mike_
안녕하세요. 좀 낯이 익네요.

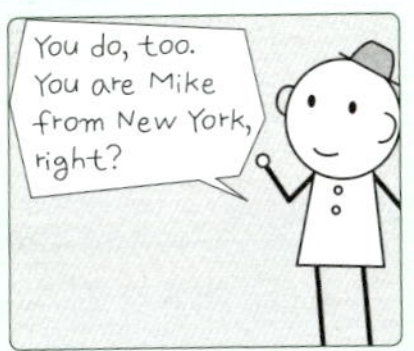

Billy_
당신도 그래요. 뉴욕에서 오신 Mike 맞죠?

Mike_
맞습니다. 전에 뵌 적이 있나요?

Billy_
네, 있어요. 오랜만입니다.

He just stepped out.

그는 방금 전에 나갔습니다.

부사 just는 '방금'이란 뜻이고 step은 '걸음을 옮기다'라는 뜻이므로, He just stepped out.이라고 하면 '방금 자리를 비웠습니다, 방금 밖으로 나가셨습니다'라는 뜻이 됩니다.

❶ **She** just stepped out.
그녀는 방금 전에 나갔습니다.

❷ **Our president** just stepped out.
사장님께서 막 자리를 비우셨습니다.

❸ **Her secretary** just stepped out.
그녀의 비서는 방금 나갔습니다.

❹ **The sales manager** just stepped out.
영업팀장님은 방금 나가셨습니다.

❺ **The director** just stepped out of the office.
이사님은 방금 사무실 밖으로 나가셨습니다.

Talk Tip

만나고자 하는 사람, 통화를 하고자 하는 사람이 자리에 없을 때 'When do you expect him/her back?'이라고 물어보면 됩니다.

Dialog

Jason_
안녕하세요. 미스터 김과 얘기 좀 나눌 수 있을까요?

Secretary_
그는 **방금 전에 나갔습니다.**

Jason_
언제쯤 돌아오십니까?

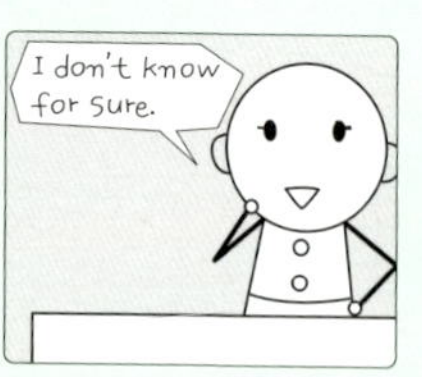

Secretary_
확실히 모르겠습니다.

Are you nuts?

정신 나갔어?

Are you nuts?라고 하면 '너 제정신이니?', '너 미쳤니?' 라는 말입니다. 비난의 어감이 강하므로 격식을 갖춘 자리 에서는 사용하지 않도록 합시다.

❶ **Are you excited?**
흥분됩니까?

❷ **Are you mad at me?**
저에게 화가 났나요?

❸ **Are you happy with me?**
저와 있는 게 행복해요?

❹ **Are you a little disappointed?**
약간 실망했나요?

❺ **Are you talkative?**
말이 많으세요?

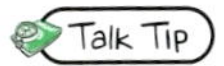

Talk Tip

'내가 너라면, 내가 네 입장이라면'에 해당하는 영어 표현이 바로 if I were you입니다.

Dialog

Jason_
나 여기 그만두고 싶어.

Billy_
정신 나갔어?

Jason_
아니. 더 이상 내 일이 마음에 들지 않아. 질렸어.

Billy_
내가 너라면 여기서 일하는 걸 절대로 그만두지 않을 거야.

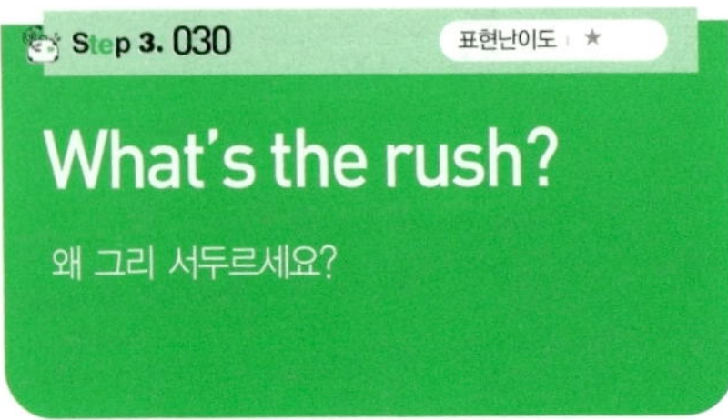

What's the rush?

왜 그리 서두르세요?

너무 성급하게 일을 하려고 하는 동료나 친구에게 '왜 그리 서둘러? 천천히 해.'라고 말을 건넬 때 적절한 표현 중 하나가 What's the rush?입니다.

❶ **What**'s your point?
당신 요점이 뭐죠?

❷ **What** on earth are you doing here?
도대체 여기서 무엇을 하고 있습니까?

❸ **What** took you so long?
왜 이리 늦었죠?

❹ **What** makes you say like that?
왜 그런 식으로 말씀하시죠?

❺ **What** brought you here?
여기에 왜 오셨습니까?

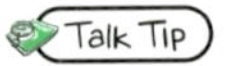 Talk Tip

'시험 잘 봐요.'를 영어로 Good luck on your test.라고 말합니다.

Dialog

Jason_
얼른 가 봐야 해요. 나중에 봐요.

Billy_
왜 그리 서두르세요?

Jason_
내일 시험이 있습니다.

Billy_
정말이에요? 그럼, 시험 잘 보세요.

Let's take a **Review**

021. 시간 내 주셔서 고맙습니다. (your, thank, time, for, you)

________________________________.

022. 커피 좀 드릴까요? (can, offer, I, some, you, coffee)

________________________________?

023. 그에게는 관심 없어요. (I'm, interested, him, in, not)

________________________________.

024. 함께 할 수 있을까요? (you, may, join, I)

________________________________?

025. 저는 할 일이 아주 많아요. (got, much, so, I've, do, to)

________________________________.

026. 제발 방해하지 말아요. (don't, please, me, interrupt)

________________________________.

027. 좀 낯이 익네요. (somewhat, familiar, you, look)

________________________________.

028. 그는 방금 전에 나갔습니다. (out, just, he, stepped)

________________________________.

029. 정신 나갔어? (are, nuts, you)

________________________________?

030. 왜 그리 서두르세요? (rush, what's, the)

________________________________?

Step 4

031 I'm worried about you.
당신이 걱정됩니다.

032 Do you mind if I smoke here?
여기서 담배 좀 피워도 괜찮습니까?

033 It took my breath away.
정말 멋있었습니다.

034 May I help you with your bag?
제가 가방을 들어 드릴까요?

035 I didn't catch your name.
당신 이름을 못 들었습니다.

036 I fell in love.
저는 사랑에 빠졌어요.

037 I like your new shirt.
당신의 새 셔츠가 멋있습니다.

038 I have a crush on you.
당신에게 반했어요.

039 If I were in your shoes...
내가 네 입장이라면 ~

040 I'm in a bind.
저는 곤경에 처해 있어요.

I'm worried about you.

당신이 걱정됩니다.

I'm worried about...이라는 영어 패턴을 활용하여 다양한 표현을 만들 수 있는데 상대방에게 '무슨 걱정이라도 있어요?'라고 묻고 싶을 때에는 이 패턴을 응용해서 What are you worried about?이라고 하면 됩니다.

❶ I'm worried about my future.
제 미래가 걱정됩니다.

❷ I'm worried about my promotion.
승진이 걱정됩니다.

❸ I'm worried about your health.
당신 건강이 걱정됩니다.

❹ I'm worried about his children.
그의 아이들이 걱정됩니다.

❺ I'm worried about her mother.
그녀의 어머님이 걱정됩니다.

Talk Tip

영어로 What's with you?라고 하면 우리말로 '왜 그래?' 또는 '무슨 일 있어?'라는 뜻입니다. What is it?이 그와 비슷한 표현입니다.

Dialog

Mina_
이봐요, 왜 그래요? 근심이 있는 것처럼 보입니다.

Billy_
제가요?

Mina_
네, 그래 보여요. 뭘 그렇게 걱정하는 거예요?

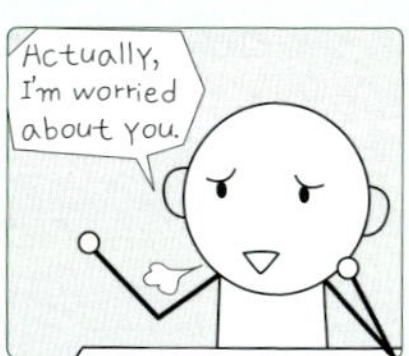

Billy_
사실, **당신이 걱정돼요.**

Do you mind if I smoke here?

여기서 담배 좀 피워도 괜찮습니까?

이 표현에서 동사 mind는 '꺼리다'라는 뜻이므로 직역하면 '제가 여기서 담배를 피운다면 꺼리시나요?'가 되지만 의역해서 '제가 여기서 담배를 피워도 괜찮습니까?'라고 알아두세요.

❶ **Do you mind if I borrow your English book?**
당신 영어책을 빌려도 괜찮습니까?

❷ **Do you mind if I use your phone?**
당신 전화를 사용해도 괜찮습니까?

❸ **Do you mind if I sit here?**
여기에 앉아도 괜찮습니까?

❹ **Do you mind if I make a phone call?**
전화를 걸어도 괜찮습니까?

❺ **Do you mind if I open the window?**
창문을 열어도 괜찮습니까?

Talk Tip

Do you mind...?에 대한 긍정의 대답(괜찮아요.)으로 I don't mind.나 Of course not. 또는 Not at all.이 좋습니다.

Dialog

Jason_
여기서 담배 좀 피워도 괜찮습니까?

Billy_
물론, 괜찮습니다.

Jason_
커피 한 잔 하시겠습니까?

Billy_
물론이죠, 감사합니다.

It took my breath away.

정말 멋있었습니다.

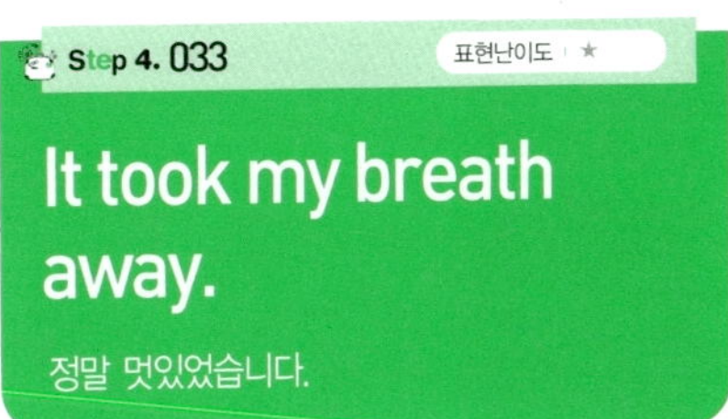

take one's breath away는 '~의 숨을 앗아갈 정도로 멋있다'라는 뜻입니다. 예를 들어, 소개팅(blind date)에서 멋진 상대를 만났을 때 He/She took my breath away.(그/그녀는 정말 멋있었어요. / 제 마음을 사로잡았어요.)라고 표현할 수 있습니다.

❶ **Busan** took my breath away.
부산은 정말 멋있었어요.

❷ **Tokyo** took my breath away.
도쿄는 정말 환상적이었습니다.

❸ **The Han River** took my breath away.
한강은 정말 멋있었습니다.

❹ **He** took my breath away.
그는 정말 멋있었습니다.

❺ **The view from Seoul Tower** took my breath away.
서울 타워 전망이 정말 멋있었어요.

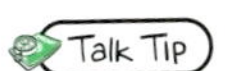 Talk Tip

'~ 여행은 어땠습니까?'는 영어로 「How was your trip to + 장소?」로 표현합니다.

Dialog

Jason_
지난 일요일에 부산 여행은 어땠습니까?

Billy_
정말 멋있었습니다. 대단했어요.

Jason_
정말요? 가족과 즐거운 시간을 보냈어요?

Billy_
네, 그랬어요.

May I help you with your bag?

제가 가방을 들어 드릴까요?

May I help you with...?는 자주 사용하고 다양한 응용이 가능한 패턴이므로 암기해서 활용하면 좋습니다.

❶ **May I help you with that bag?**
제가 저 가방을 들어 드릴까요?

❷ **May I help you with anything?**
제가 무언가를 도와 드릴까요?

❸ **May I help you with your problem?**
제가 당신 문제를 도와 드릴까요?

❹ **May I help you with your homework?**
제가 당신 숙제를 도와 드릴까요?

❺ **May I help you with your project?**
제가 당신 프로젝트를 도와 드릴까요?

Talk Tip

동사 bother는 '(누구를) 괴롭히다, 신경쓰이게 하다'로도 쓰고 '(무엇을) 신경쓰다, 걱정하다, 근심하다'라는 뜻으로도 씁니다.

Dialog

Staff_
실례합니다. 제가 가방을 들어 드릴까요?

Jason_
걱정 마세요.[신경 안 쓰셔도 돼요.] 제가 할 수 있습니다.

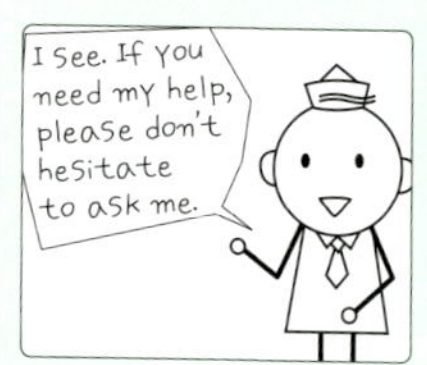

Staff_
알겠습니다. 도움이 필요하시면 주저 없이 요청하세요.

Jason_
알겠습니다.

I didn't catch your name.

당신 이름을 못 들었습니다.

상대방의 이름을 못 들었거나, 예전에 들었던 이름을 기억하지 못하는 경우에 쓰는 표현이 바로 I didn't catch your name.입니다. catch라는 동사는 '잡다'라는 뜻 외에 '때마침 만나다', '(시간 맞춰) 타다', '(병에) 걸리다', '이해하다' 등의 뜻으로도 쓰입니다.

❶ **I didn't catch** your point correctly.
당신 요점을 정확히 파악하지 못했습니다.

❷ **I didn't catch** a cold.
저는 감기에 걸리지 않았습니다.

❸ **I didn't catch** a train in time.
제때에 기차를 타지 못했어요.

❹ **I didn't catch** what you said.
당신이 말씀하신 것을 제대로 이해하지 못했습니다.

❺ **I'll catch** you later.
나중에 또 봐.

Talk Tip

이름을 다시 묻고 싶다면 간단하게 What's your name again? 이라고 하면 됩니다.

Dialog

Susan_
다시 만나서 반갑습니다.

Mike_
저도 역시 만나서 반갑습니다

Susan_
미안하지만 **당신 이름을 못 들었습니다.**
이름이 뭐라고 하셨죠?

Mike_
제 이름은 Mike입니다.

I fell in love.

저는 사랑에 빠졌어요.

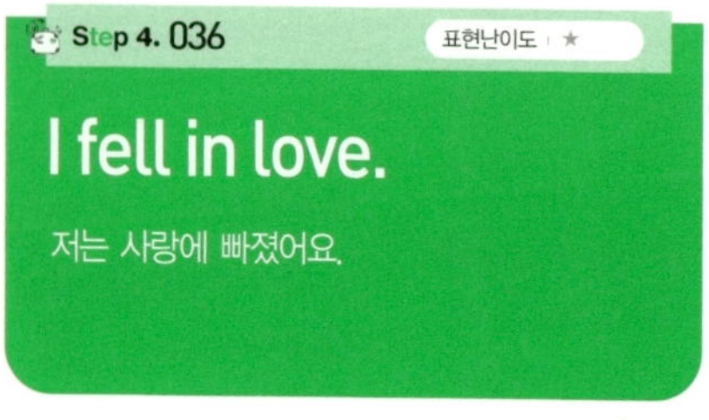

'사랑에 빠지다'에 해당하는 영어 표현이 많지만 그중에 I fell in love.는 흔하게 사용하는 표현이므로 익혀 두면 좋겠습니다.

❶ You fell in love, didn't you?
사랑에 빠졌죠, 그렇죠?

❷ My younger sister fell in love.
제 여동생은 사랑에 빠졌습니다.

❸ He fell in love with her at first sight.
그는 첫눈에 그녀와 사랑에 빠졌습니다.

❹ She fell in love with me.
그녀는 나와 사랑에 빠졌습니다.

❺ We fell in love with each other.
우리는 서로 사랑에 빠졌습니다.

Talk Tip

'첫눈에'를 영어로 at first sight라고 표현합니다. 자주 사용하는 표현 중에 하나입니다.

Dialog

Jason_
저는 첫눈에 그녀와 사랑에 빠졌어요.

Billy_
농담이죠?

Jason_
아니요, 농담이 아닙니다.

Billy_
그렇군요.

I like your new shirt.

당신의 새 셔츠가 멋있습니다.

동사 like는 '좋아한다'라는 뜻 외에도 '마음에 들다, 멋있다'라는 뜻도 있다는 것을 알고 있어야 합니다. 또한 이런 칭찬의 말을 들을 경우, 간단하게 It's nice of you.(고마워요.)라고 대답을 하면 좋습니다.

❶　I like your hat.
당신 모자가 멋있어요.

❷　I like your dress.
당신 옷이 멋있어요.

❸　I like your computer.
당신 컴퓨터가 근사해요.

❹　I like your car.
당신 차가 멋있습니다.

❺　I like the way you smile.
당신 웃는 모습이 마음에 들어요.

(Talk Tip)

'감사합니다'는 간단하게 Thank you.라고 하며, '매우/대단히 감사합니다.'라는 뜻의 Many thanks. 또는 Thanks a million. 이라는 표현도 있으니 알아 두세요.

Jason_
당신의 새 셔츠가 멋있습니다.

Billy_
고마워요.

Jason_
어디서 구입했습니까?

Billy_
백화점에서요.

I have a crush on you.

당신에게 반했어요.

우리말의 '반하다'에 해당하는 영어 표현으로 be stuck on, be crazy about, have (got) a crush on 등이 있습니다.

❶ **His younger sister, Sunny, has a crush on you.**
그의 여동생 Sunny가 당신에게 반했어요.

❷ **I want to say that I have a crush on you.**
당신에게 반했다는 것을 말하고 싶어요.

❸ **Who had a crush on you?**
누가 당신에게 반했나요?

❹ **My friend has a crush on you.**
제 친구가 당신에게 푹 빠졌어요.

❺ **Peter has a crush on you.**
Peter가 당신에게 반했어요.

Talk Tip

영어로 I mean it.이라고 하면 I'm serous.처럼 '진심입니다, 진담입니다'라는 뜻입니다.

Dialog

Julia_
Peter, 저에게 하고 싶은 말이 뭐예요?

Peter_
당신에게 반했어요.

Julia_
정말이에요?

Peter_
진심이에요.

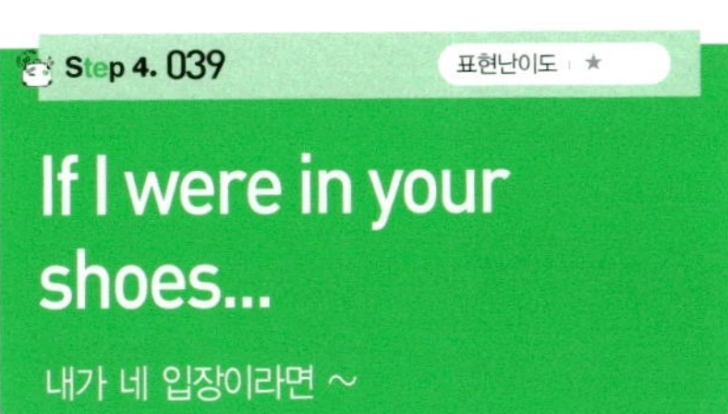

If I were in your shoes...

내가 네 입장이라면 ~

문법에서 가정법 과거를 배울 때 많이 나오는 문장입니다. 영화 속에서도 자주 등장하는 표현인데 뜻은 '내가 네 입장이라면'이라는 가정의 표현입니다.

❶ **If I were in your shoes, I couldn't do that.**

내가 네 입장이라면 그것을 할 수 없을 거야.

❷ **If I were in your shoes, I'd resign immediately.**

내가 네 입장이라면 나는 즉시 사임할 거야.

❸ **If I were in your shoes, I would accept the invitation.**

내가 네 입장이라면 초대를 받아들일 거야.

❹ **If I were in your shoes, I would never give up like this.**

내가 네 입장이라면 결코 이런 식으로 포기하지 않을 거야.

 Talk Tip

'A가 지긋지긋하다'라는 뜻으로 be sick and tired of A를 종종 사용합니다.

Dialog

Jason_
영어 공부하는 걸 포기하고 싶어.

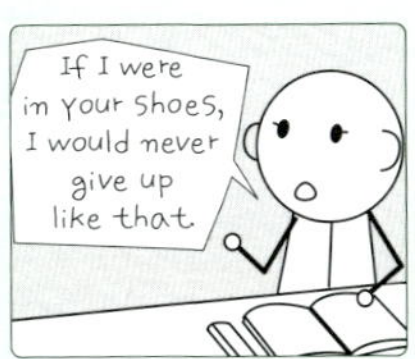

Billy_
내가 네 입장이라면, 결코 그런 식으로 포기하지 않을 거야.

Jason_
정말 지긋지긋해.

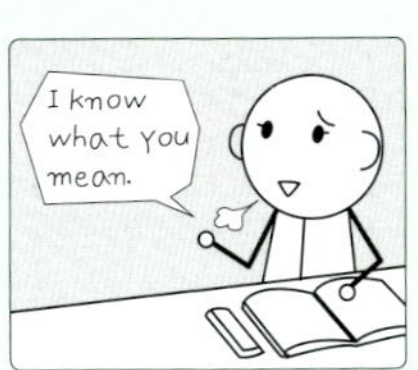

Billy_
무슨 뜻인지 알아.

I'm in a bind.

저는 곤경에 처해 있어요.

I'm in a bind.처럼 '곤경에 처하다'에 해당하는 표현은 상당히 많습니다. 비슷한 표현으로 I'm in trouble.(곤경에 처해 있어요.), I'm in hot water.(어려움에 빠져 있습니다.), My back is against the wall.(저는 궁지에 몰렸습니다.) 등이 있습니다.

❶ **I'm really in a bind.**
제가 정말 상황이 어려워요.

❷ **This schedule has me in a bind.**
이 일정 때문에 제가 곤경에 처했어요.

❸ **We're in a bind.**
우리가 난처한 상황에 빠져 있거든요.

❹ **The tiger was in a bind.**
호랑이는 곤경에 처했어요.

❺ **They should admit they are in a bind.**
그들은 자신들이 곤경에 처했음을 인정해야만 해요.

Talk Tip

상대방에게 조언을 얻고 싶을 때 Could you give me some advice?라고 정중하게 말을 건네면 좋습니다.

Dialog

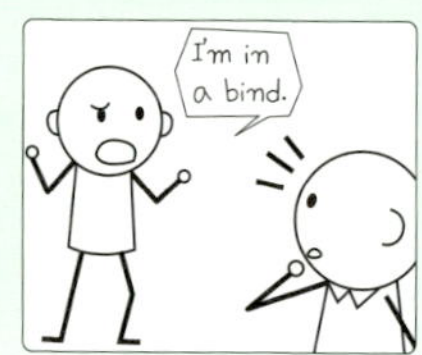

Jason_
저는 곤경에 처해 있어요.

Billy_
정말입니까?

Jason_
네. 무엇을 해야 할지 모르겠습니다. 조언 좀 해 줄 수 있어요?

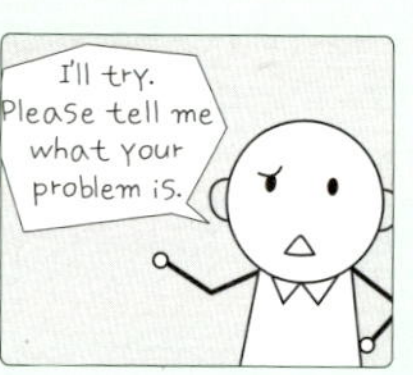

Billy_
그럴게요. 당신 문제가 뭔지 말해 보세요.

Let's take a **Review**

031. 당신이 걱정됩니다. (you, I'm, about, worried)

032. 여기서 담배를 피워도 괜찮습니까? (do, here, if, mind, you, I, smoke)

033. 멋있었습니다. (it, away, took, breath, my)

034. 제가 가방을 들어 드릴까요? (may, bag, with, your, help, you, I)

035. 당신 이름을 못 들었습니다. (I, your, name, catch, didn't)

036. 저는 사랑에 빠졌어요. (love, in, I, fell)

037. 당신의 새 셔츠가 멋있습니다. (shirt, I, your, like, new)

038. 당신에게 반했습니다. (I, you, a, on, crush, have)

039. 내가 네 입장이라면 (if, your, shoes, I, were, in)

040. 저는 곤경에 처해 있어요. (I'm, bind, a, in)

Step 5

041 I'm not much of a drinker.
저는 술을 잘 못합니다.

042 Where are you off to?
어디 갑니까?

043 I was wondering if I could use your car.
당신 차를 사용해도 될지 모르겠어요.

044 What's bugging you?
무슨 일이야?[무슨 걱정 있어?]

045 I didn't mean to upset you.
속상하게 하려던 것은 아니었어요.

046 I mean it.
진심이야.

047 You've gotta go.
너는 가야 돼.

048 Let's call it a day.
퇴근합시다.

049 May I think it over, please?
생각 좀 해 봐도 될까요?

050 You look gorgeous.
멋져 보여요.

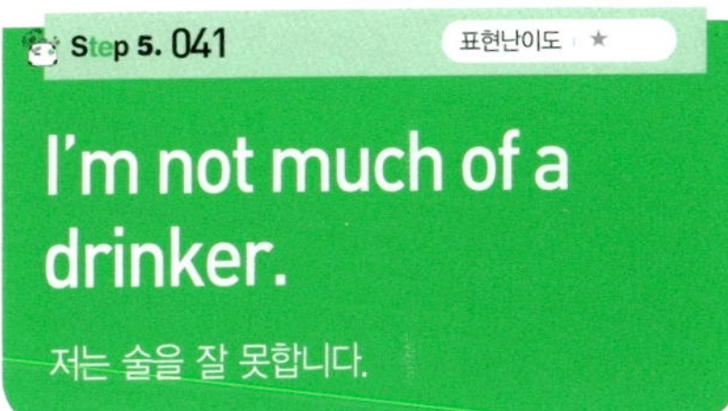

I'm not much of a drinker.

저는 술을 잘 못합니다.

영화 속에서 자주 등장하는 표현이 「much of a + 명사」로 뜻은 '대단한 ~'입니다. 그러므로 I'm not much of a drinker.라고 하면 '저는 술을 잘 못합니다.'라는 뜻입니다.

❶ **I'm not much of a talker.**
저는 말수가 적습니다.

❷ **I'm not much of a cook.**
저는 대단한 요리사가 아닙니다.

❸ **I'm not much of a poet.**
저는 대단한 시인이 아닙니다.

❹ **I'm not much of a driver.**
저는 운전을 잘하지는 못합니다.

❺ **I'm not much of a swimmer.**
저는 수영을 잘하지는 못해요.

🗨 **Talk Tip**

상대방에게 무언가를 제안하고 싶을 경우 「How about -ing?」 패턴을 적극적으로 활용해 보세요.

Dialog

Jason_
저녁에 무엇을 할 겁니까?

Billy_
글쎄요, 잘 모르겠습니다.

Jason_
오늘밤 술 한잔 어떻습니까?

Billy_
좋습니다만 **저는 술을 잘 못합니다.**

Where are you off to?

어디 갑니까?

쉬운 어휘로 구성된 문장이지만 영화 속에서 이런 표현이 나오면 처음 들었을 때에는 도대체 무슨 뜻인지 감을 잡기 힘들 겁니다. '어디 가니?'라는 뜻으로 일상에서 흔히 쓰는 표현입니다.

❶ **Where is your friend off to?**
당신 친구는 어디 가는 거죠?

❷ **Where is this engineer off to?**
이 엔지니어는 어딜 가는 거죠?

❸ **Where is Mike off to?**
Mike는 어디 가는 거죠?

❹ **Where are you off to in such a hurry?**
너 어딜 그리 급하게 가니?

❺ **Hey, honey. Where are we off to today?**
자기야, 오늘 우리 어디 가는 거야?

Talk Tip

'살을 빼다'는 영어로 be on a diet, lose weight라고 표현합니다.

Dialog

Jason_
어디 갑니까?

Billy_
체육관에 가는 중입니다.

Jason_
왜 가는 건가요?

Billy_
살 좀 빼야 할 것 같아서요.

I was wondering if I could use your car.

당신 차를 사용해도 될지 모르겠어요.

영어로 I was wondering if I could use your car.는 '제가 당신 차를 사용해도 될지 모르겠군요.'라는 뜻입니다. 여기서 「I was wondering if I could + 동사」의 구조는 상대방의 허락을 받고자 할 때 사용하는 패턴입니다.

❶ **I was wondering if I could ask your name.**
당신 성함을 여쭈어 봐도 될지 모르겠습니다.

❷ **I was wondering if I could go home.**
집에 가도 될지 모르겠습니다.

❸ **I was wondering if I could help you.**
도와드려도 될지 모르겠습니다.

❹ **I was wondering if we could eat out.**
우리가 외식을 해도 될지 모르겠습니다.

❺ **I was wondering if I could accept your proposal.**
당신 제안을 받아들여도 될지 모르겠습니다.

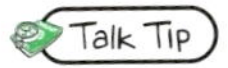 **Talk Tip**

감사하다는 말을 상대에게 듣게 되는 경우 You're (quite) welcome.이라고 대답할 수 있습니다.

Dialog

Jason_
당신 차를 사용해도 될지 모르겠어요.

Billy_
그럼요. 여기 제 차 열쇠예요.

Jason_
정말 고맙습니다.

Billy_
천만에요.

What's bugging you?

무슨 일이야?[무슨 걱정 있어?]

상대방의 언행이 평소와 다르면 이런 상황 속에서 '왜 그래?' 또는 '무슨 일이야?'라고 말을 건네게 됩니다. 여기서 동사 bug는 '성가시게 하다, 괴롭히다'라는 뜻입니다.

❶ **What's your point?**
당신 요점이 뭡니까?

❷ **What's up?**
잘 지내지?

❸ **What's on TV now?**
지금 TV에서 무엇이 상영되고 있죠?

❹ **What's the difference?**
그렇다고 뭐가 달라지는데?

❺ **What's the matter?**
문제가 뭔데?

Talk Tip

The damage is done.은 상황에 맞게 해석하면 되는데 여기서는 '이미 돌이킬 수가 없어, 소용없어.'라는 뜻입니다.

Dialog

Jason_
무슨 일이야?

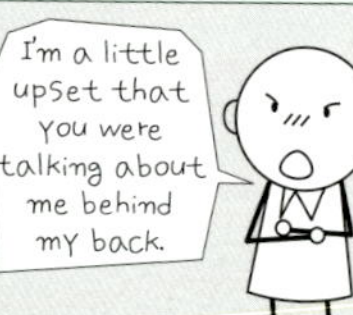

Billy_
난 네가 내가 없을 때 내 이야기를 했다는 게 좀 언짢아.

Jason_
정말 미안해. 내가 잘못했어. 내가 어떻게 보상하면 되지?

Billy_
사실, 네가 할 일은 없어. 이미 돌이킬 수가 없어.

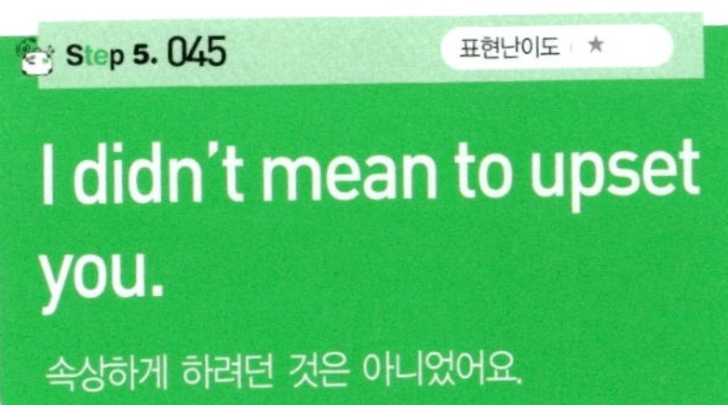

I didn't mean to upset you.

속상하게 하려던 것은 아니었어요.

'〜하려고 할 의도는 아니었어요, 〜하려는 게 아니었습니다'를 영어로 하면 「I didn't mean to + 동사」입니다.

❶ **I didn't mean to frighten you.**
놀라게 하려던 것은 아니었어요.

❷ **I didn't mean to be late again.**
다시 늦으려고 했던 것은 아니었어요.

❸ **I didn't mean to make you so angry.**
당신을 그렇게 화나게 하려고 했던 것은 아니었어요.

❹ **I didn't mean to be rude.**
무례하게 굴려던 것은 아니었습니다.

❺ **I didn't mean to break my word.**
약속을 어기려던 것은 아니었습니다.

Talk Tip

상대방의 기분을 언짢게 했는지 확인하고 싶을 때 Excuse me, did I offend you?라고 말을 건네면 됩니다.

Dialog

Mike_
죄송하지만, 제가 언짢게 했나요?

John_
조금은 그래요.

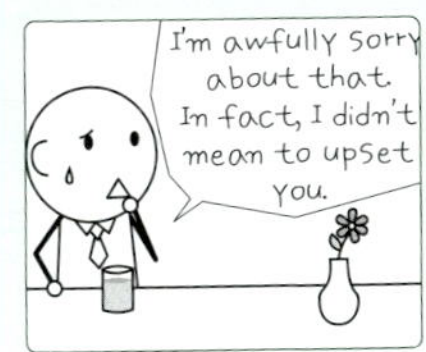

Mike_
정말 죄송합니다. 사실, **속상하게 하려던 것은 아니었어요.**

John_
괜찮습니다.

I mean it.

진심이야.

재미있게 보았던 영화 Titanic에서 자주 나오는 표현인 I mean it.이라는 표현은 실제로도 영·미인들이 많이 쓰는 표현입니다. 우리말로 번역을 하면 '정말입니다, 진실입니다, 농담이 아닙니다.'라는 의미입니다.

❶ A: I love you.   B: You mean it?

A: 사랑해. B: 진심이에요?

❷ I'm trying to stop smoking. I mean it.

담배 끊으려고 해. 진심이야.

❸ I was just getting ready to call you. I mean it.

막 전화하려고 했어. 농담 아냐.

❹ I'm ready to help you. I mean it.

널 도울 준비가 됐거든. 진심이야.

❺ I want to marry you. I mean it.

너와 결혼하고 싶어. 정말이야.

Talk Tip

영어로 in no time이라고 하면 우리말로 '즉시, 당장'이라는 표현입니다.

Dialog

Father_
Jane, 이 지저분한 것 빨리 치워.

Jane_
아빠, Jenny와 놀아야 돼요. 밖에서 저를 기다리고 있어요.

Father_
얘야, 제발 좀 지금 당장 치워. **진심이야.**

Jane_
알겠어요. 즉시 이 지저분한 걸 치울게요.

You've gotta go.

너는 가야 돼.

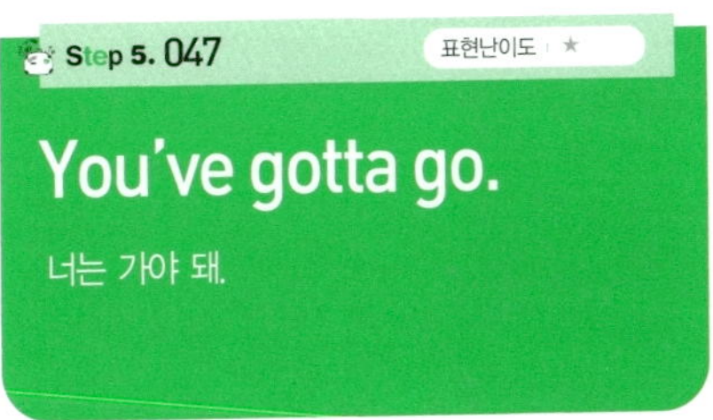

gotta는 got to의 줄임말입니다. 다시 말해서 「You've gotta + 동사」의 표현은 '너는 ~해야 돼'라는 뜻입니다.

❶ **You've got to** go home.
너는 집에 가야 돼.

❷ **You've got to** do your best.
너는 최선을 다해야 돼.

❸ **You've got to** sleep now.
너는 지금 자야 돼.

❹ **You've got to** give him a call.
너는 그에게 전화를 걸어야 돼.

❺ **You've got to** tell me the truth.
너는 나에게 진실을 말해야 돼.

Talk Tip

대화 중에 나온 It has slipped my mind.는 '잠시 잊었어요, 깜빡 잊고 있었어요.'라는 말입니다.

Dialog

Jason_
이봐 Peter! 너는 지금 가야 돼.

Peter_
지금 내가 왜 가야 하지?

Jason_
2시에 참석해야 할 중요한 모임이 있는 걸 모르니?

Peter_
아, 깜빡 잊고 있었네. 상기시켜 줘서 고마워.

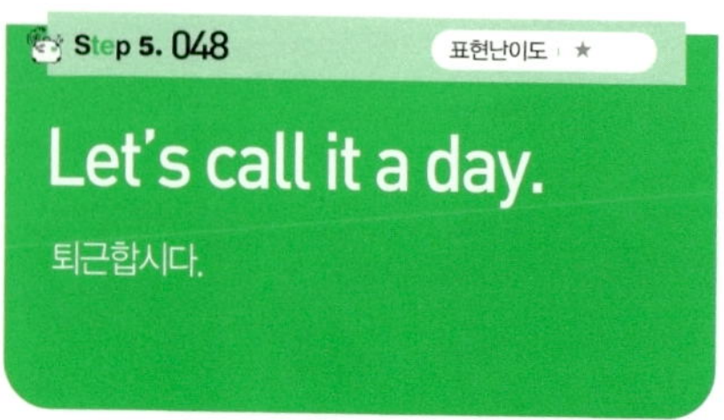

Let's call it a day.

퇴근합시다.

직역하면 '그것을 하루 일로 부르자.'가 되지만 우리말로 '(오늘은) 여기까지 합시다.'라는 의미입니다. 다시 말해서 '하던 일을 그만 접고 집에 가자.'라는 뜻입니다.

❶ **Let's** go for a drink.
술 한잔하러 갑시다.

❷ **Let's** go for a jog.
조깅하러 갑시다.

❸ **Let's** go for a walk.
산책하러 갑시다.

❹ **Let's** stop working.
일 그만합시다.

❺ **Let's** take a break.
잠깐 쉽시다.

Talk Tip

Let's get going.이라고 하면 Let's go.처럼 '갑시다.'라는 표현입니다.

Dialog

Jason_
지쳤어요. 우리는 휴식이 필요한 것 같아요.

Billy_
우리는 쉬지 않고 열 시간 동안 일했어요.

Jason_
야, 벌써 9시이군요. **여기까지 합시다.**

Billy_
좋아요. 자, 갑시다.

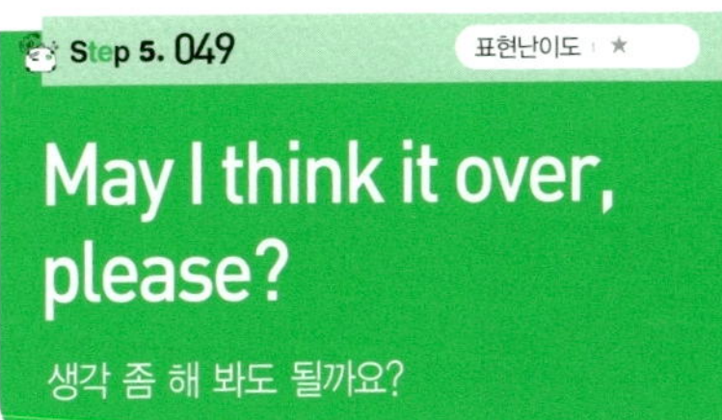

May I think it over, please?

생각 좀 해 봐도 될까요?

조동사 may로 시작되는 유형은 대부분 공손한 뜻을 가지고 있습니다. think over는 '~을 숙고하다, 곰곰이 생각하다'라는 의미로서 May I think it over, please?라고 하면 그것(it)에 대해 곰곰히 생각해 봐도 될지 물어보는 공손한 표현입니다.

❶ **May I give you some additional information?**
추가 정보를 드릴까요?

❷ **May I ask you a big favor?**
큰 부탁을 해도 됩니까?

❸ **May I answer the phone?**
전화를 받아도 될까요?

❹ **May I help you do the dishes?**
설거지하는 것을 도와 드릴까요?

❺ **May I go with you to your home?**
집까지 바래다 드릴까요?

Talk Tip

'좋으실 대로 하세요.'는 Do as you wish. 또는 Suit yourself. 라고 표현합니다.

Dialog

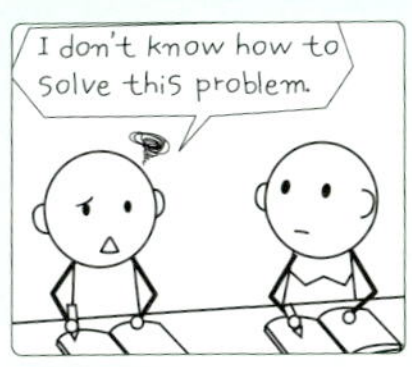

Jason_
이 문제를 어떻게 해결할지 모르겠습니다.

Billy_
생각 좀 해 봐도 될까요?

Jason_
좋으실 대로 하세요.

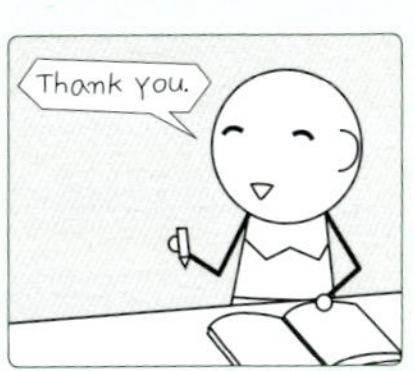

Billy_
고마워요.

You look gorgeous.

멋져 보여요.

동사 look은 불완전 자동사로 바로 뒤에 형용사가 필요합니다. 그러므로 You look gorgeous.라고 하면 '우아해 보입니다, 멋져 보입니다.'라는 뜻입니다. 친구나 동료가 오늘따라 멋진 옷을 입고 나타났을 때 'You look gorgeous.'라고 얘기해 주면 분위기가 한결 부드러워질 겁니다.

❶ You look sad.
슬퍼 보입니다.

❷ You look cute.
귀여워 보이네요.

❸ You look pretty tired.
상당히 피곤해 보입니다.

❹ You look sleepy.
졸려 보입니다.

❺ You look blue.
우울해 보이네요.

Talk Tip

상대방이 칭찬을 해주는 경우에 가볍게 It's nice of you.라고 답하면 됩니다. 뜻은 Thank you.와 같습니다.

Dialog

Jason_
그 하얀 드레스를 입으니 **멋져 보여요.**

Julia_
고마워요.

Jason_
언제 샀어요?

Julia_
일주일 전에요.

Let's take a **Review**

041. 저는 술을 잘 못합니다. (I'm, a, drinker, not, of, much)

            .

042. 어디 갑니까? (to, you, off, where, are)

            ?

043. 당신 차를 사용해도 될지 모르겠어요.
(I, wondering, if, car, your, I, could, was, use)

            .

044. 무슨 일이야?[무슨 걱정 있어?] (you, what's, bugging)

            ?

045. 속상하게 하려던 것은 아니었어요. (you, I, didn't, to, mean, upset)

            .

046. 진심이야. (mean, I, it)

            .

047. 너는 가야 돼. (go, you've, gotta)

            .

048. 퇴근합시다. (a, let's, call, day, it)

            .

049. 생각 좀 해 봐도 될까요? (may, it, I, think, over, please)

            ?

050. 멋져 보입니다. (gorgeous, look, you)

            .

Step 6

051 Could I speak to you?
얘기 좀 나눌 수 있을까요?

052 Not on your life.
어림도 없는 소리예요!

053 I just stopped by.
그냥 들러 봤어요.

054 It's my treat.
제가 낼게요.

055 Don't phone me for a while.
잠시 동안 전화하지 말아요.

056 I just got through with my work.
저는 막 일을 끝냈어요.

057 It's hard to catch you.
얼굴 보기 힘들군요.

058 I'm a movie buff.
저는 영화광입니다.

059 Is that okay with you if I ask your name?
성함을 여쭤 봐도 괜찮습니까?

060 Have you ever considered learning Chinese?
중국어를 좀 배우시는 게 어떻겠습니까?

Could I speak to you?

얘기 좀 나눌 수 있을까요?

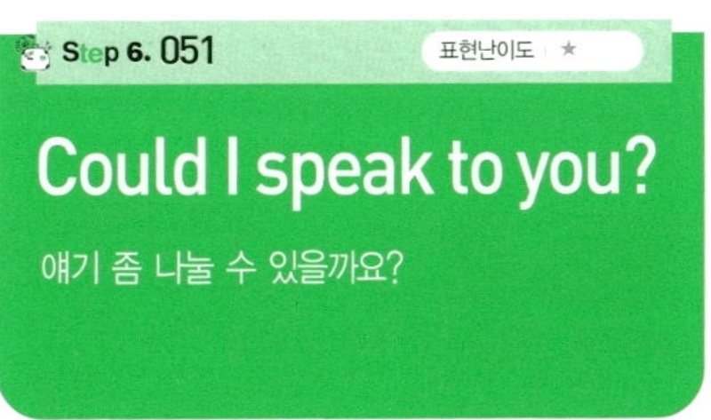

길을 가다가 아는 사람을 만나게 되거나 상대에게 할 말이 있을 때 '잠깐 얘기 좀 나눌 수 있을까요?'라고 말하게 되는데, 이런 경우에 사용할 수 있는 영어 표현이 바로 Could I speak to you?입니다.

❶ **Could I speak to him for a second?**
잠시 그와 얘기 좀 나눌 수 있을까요?

❷ **Could I speak to you about this campaign?**
이 캠페인에 대해 당신과 얘기 좀 나눌 수 있을까요?

❸ **Could I speak to your sales manager?**
귀사의 영업팀장님과 얘기 좀 나눌 수 있을까요?

❹ **Could I speak to your father?**
당신 아버님과 얘기 좀 나눌 수 있을까요?

❺ **Could I speak to Mr. Kim for a few minutes?**
미스터 김과 잠깐 얘기 좀 나눌 수 있을까요?

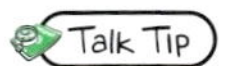 Talk Tip

친구나 동료를 오랜만에 만나게 될 때 I haven't seen you for ages. 또는 Long time no see.라고 표현할 수 있습니다.

Dialog

Mike_
오랜만입니다.

Billy_
네, 정말 오랜만이네요.

Mike_
얘기 좀 나눌 수 있을까요?

Billy_
물론이죠.

Not on your life!

어림도 없는 소리예요!

상대방의 제안이나 의견을 거절할 때 사용할 수 있는 표현으로, Not on your life.라고 하면 '어림도 없는 소리야.' 또는 '어림없는 소리 하지도 마.' 등으로 해석할 수 있습니다.

❶ **Not at all.**
천만에요.

❷ **Not in a million years.**
절대로 안 돼요.[절대로 그런 일은 없을 거예요.]

❸ **Not this time, thanks.**
지금은 안 돼요. 아무튼 고마워요.

❹ **Not too bad.**
뭐, 괜찮아요.

❺ **Not now.**
지금은 안 됩니다.

Talk Tip

상대방의 말을 제대로 이해하지 못했을 때 I beg your pardon? 또는 Excuse me?라고 다시 물으면 됩니다.

Dialog

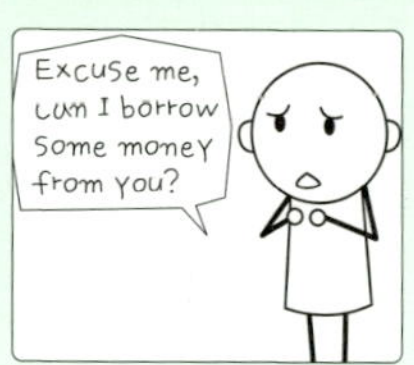

Jason_
실례합니다만, 돈 좀 빌릴 수 있을까요?

Billy_
뭐라고요?

Jason_
돈 좀 빌려 줄래요?

Billy_
어림도 없는 소리 마요.

I just stopped by.

그냥 들러 봤어요.

예상치 못했던 친구가 집에 들러서 I just stopped by.라고 말한다면 그냥 지나가다가 갑자기 들렀다는 의미입니다.

❶ **I just** wanted to stop by and say hi.
그냥 잠깐 들러 인사하고 싶었어요.

❷ **I just** wanted to make sure that you were doing OK.
단지 잘하고 있는지 확인하고 싶었어요.

❸ **I just** got off the phone with her.
방금 전에 그녀와 통화를 끝냈어요.

❹ **I just** came back from my business trip.
막 출장에서 돌아왔어요.

❺ **I just** got a call from my boss.
사장님한테 막 전화를 받았어요.

Talk Tip

무언가에 기분 좋게 놀라 감탄할 때 What a pleasant surprise! 라고 표현할 수 있습니다.

Dialog

Jason_
안녕하세요, Julie. 이거 뜻밖이네요.

Julie_
그냥 들러봤어요.

Jason_
정말이요?

Julie_
네, 정말이에요.

It's my treat.

제가 낼게요.

친구나 동료들과 함께 식사 또는 술 한잔을 끝내고 난 후 보통 '제가 계산하죠, 제가 낼게요, 제가 쏠게요.'라고 말을 하는 경우가 생깁니다. 이럴 때 간단하게 영어로 It's my treat.이라고 하면 됩니다.

❶ **It's my mistake.**
제 실수예요.

❷ **It's my turn.**
제 차례인데요.

❸ **It's my pleasure.**
오히려 제가 영광이죠.

❹ **It's my fault.**
제 실수입니다.

❺ **It's my life.**
제 삶이거든요.

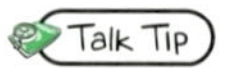

Talk Tip

pick up the check은 pick up the bill/tab처럼 '계산하다'라 는 뜻입니다.

Jason_
여기요, 제가 낼게요.

Billy_
아니에요, 제가 낼게요.

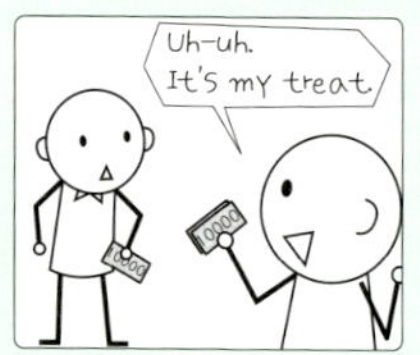

Jason_
아니 아니. **제가 계산할게요.**

Billy_
좋아요. 다음에는 제가 계산할게요.

Don't phone me for a while.

잠시 동안 전화하지 말아요.

동사로 사용된 phone은 '전화하다'라는 뜻으로 call, ring, buzz를 사용해도 됩니다. 그래서 I will call/ring/buzz you tonight.이라고 하면 '오늘밤에 전화 할게요.'라는 뜻입니다.

❶ **Don't be late.**
늦지 말아요.

❷ **Don't make that mistake again.**
다시는 그런 실수하지 마요.

❸ **Don't worry about it.**
걱정하지 마요.

❹ **Don't say goodbye to him.**
그에게 작별 인사를 하지 마요.

❺ **Don't do it again.**
다시는 그런 짓 하지 마요.

Talk Tip

상대방의 의도나 생각을 이해했을 경우 I got it.이라고 짧게 대답하면 됩니다.

Dialog

Tom_
잠시 동안 전화하지 마.

Billy_
왜?

Tom_
시험 준비해야 하거든.

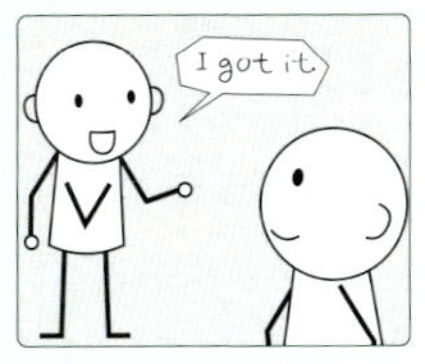

Billy_
알았어.

I just got through with my work.

저는 막 일을 끝냈어요.

영어 표현 중에 get through with라고 하면 '~을 끝마치다(finish)'라는 뜻으로 영·미인들이 자주 사용하는 표현입니다. 그러므로 I just got through with my work.라고 하면 '저는 막 제 일을 끝냈습니다.'라는 말입니다.

❶ **I just got through with my homework.**
저는 막 숙제를 끝냈습니다.

❷ **I just got through with my assignment.**
저는 막 과제를 끝냈습니다.

❸ **I just got through with my journey.**
저는 여행을 막 끝마쳤습니다.

❹ **I just got through with my meal.**
저는 식사를 막 마쳤습니다.

❺ **I just got through with my class.**
저는 수업을 막 마쳤습니다.

Talk Tip

확실하게 모르는 경우 I don't know for sure.라고 표현합니다.

Dialog

Jason_
일을 끝냈습니까?

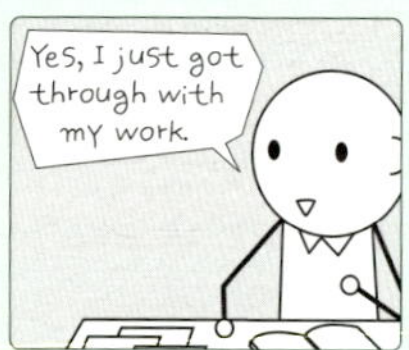

Billy_
네, 저는 막 일을 끝냈어요.

Jason_
그러면, 이제 무엇을 할 계획입니까?

Billy_
확실히 모르겠습니다.

It's hard to catch you.

얼굴 보기 힘들군요.

오랜만에 만난 친구에게 '야! 얼굴 좀 보고 살자.'라고 말하고 싶을 때 'Hey, it's hard to catch you.'라고 하면 됩니다. 동사 catch는 '붙잡다' 외에 '만나다'의 의미로 쓰이는데, 헤어질 때 하는 인사 가운데 Catch you later.(나중에 보자.)가 이에 해당됩니다.

❶ It's hard to **get in touch with you.**
당신과 연락하기가 힘드네요.

❷ It's hard to **see him again.**
그를 다시 보기가 힘드네요.

❸ It's hard to **lose weight.**
살을 빼기가 힘드네요.

❹ It's hard to **be on a diet.**
다이어트를 하기가 힘드네요.

❺ It's hard to **stop drinking.**
술을 끊기가 힘드네요.

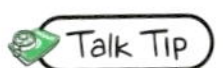

Talk Tip

영어로 You're in good shape.이라고 하면 '건강해 보여, 컨디션이 좋아 보여.'라는 의미입니다.

Dialog

Jason_
야, 얼굴 보기 힘들다.

Jane_
오랜만이야!

Jason_
전혀 변하지 않았네. 여전히 건강해 보인다고.

Jane_
고마워.

I'm a movie buff.

저는 영화광입니다.

우리말 '~광, 애호가'에 해당하는 영어 단어가 바로 buff 입니다. 영어 단어 fan은 '그냥 좋아하는 수준' 정도를 나타내지만 buff는 '그 분야에 대한 상당한 지식과 식견을 가지고 좋아하는 것'을 말합니다.

① I am a computer buff.

저는 컴퓨터광입니다.

② I am a pop song buff.

저는 팝송광입니다.

③ I am a literature buff.

저는 문학 애호가입니다.

④ I am a soccer buff.

전 축구광입니다.

⑤ I am a soap opera buff.

저는 드라마광이죠.

🗣 **Talk Tip**

'영화를 보다'는 watch a movie, hit the movie, catch a movie, see a movie 등으로 표현합니다.

Dialog

Yuna_
오늘밤 계획이 어떻게 돼요?

Billy_
영화 보러 가려고요.

Yuna_
영화 보는 것 좋아하세요?

Billy_
좋아하냐고요? 영화 보는 것을 정말 좋아합니다. 제 말은, **저는 영화광입니다.**

Is that okay with you if I ask your name?

성함을 여쭤 봐도 괜찮습니까?

상대방의 이름을 알고 싶을 때 간단하게 What's your name?이라고 할 수도 있지만 상황에 따라서 이 표현은 가볍게 들릴 수도 있습니다. 그럴 때 더 공손하게 Is that okay with you if I ask your name?이라고 묻는 것이 좋습니다.

❶ Is that okay with you if I watch your TV?

제가 TV를 시청해도 괜찮겠습니까?

❷ Is that okay with you if I borrow a dollar?

제가 1달러 빌려도 괜찮겠습니까?

❸ Is that okay with you if I make the bed for you?

제가 당신을 위해 잠자리를 준비해도 괜찮나요?

❹ Is that okay with you if I treat you to dinner tonight?

제가 오늘밤 저녁을 사 드려도 괜찮겠습니까?

❺ Is that okay with you if I go home?

제가 집에 가도 괜찮겠습니까?

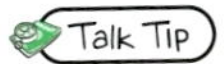

Talk Tip

영어로 간단하게 Please call me A.라고 하면 '저를 A라고 부르세요.'라는 뜻입니다. 사용 빈도수가 높은 표현입니다.

Dialog

Julie_
성함을 여쭤 봐도 괜찮습니까?

James_
물론이죠. 제 이름은 James Dean입니다. 당신은요?

Julie_
Julie라고 해요.

James_
만나서 반갑습니다.

Have you ever considered learning Chinese?

중국어를 좀 배우시는 게 어떻겠습니까?

「Have you ever considered -ing?」라는 패턴의 표현은 상대방에게 제안하고 싶은 것이 있을 때 조금 더 격식을 갖춰 말할 때 씁니다.

❶ **Have you ever considered learning Japanese?**

일본어를 배워 보시는 게 어떻겠습니까?

❷ **Have you ever considered driving?**

차를 운전해 보시는 게 어떨까요?

❸ **Have you ever considered going abroad?**

해외에 가시는 게 어떻겠습니까?

❹ **Have you ever considered meeting her?**

그녀를 만나는 게 어떻겠습니까?

❺ **Have you ever considered seeing them off?**

그들을 배웅하는 게 어떨까요?

Talk Tip

대화 중에 나온 「I can speak + 언어 + a little.」의 패턴을 활용해서 다른 문장들을 만들어 보세요.

Dialog

Jason_
몇 가지의 외국어를 구사할 수 있나요?

Billy_
저는 일본어를 조금 할 수 있습니다.

Jason_
중국어를 좀 배우시는 게 어떨까요?

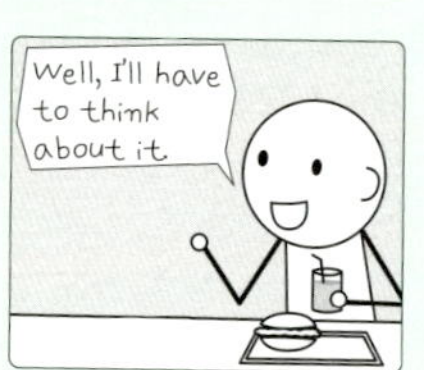

Billy_
글쎄요. 생각 좀 해 봐야겠어요.

Let's take a **Review**

051. 얘기 좀 나눌 수 있을까요? (you, could, speak, I, to)

_____________________________________?

052. 어림도 없는 소리예요. (on, life, not, your)

_____________________________________.

053. 그냥 들러 봤어요. (I, by, just, stopped)

_____________________________________.

054. 제가 낼게요. (it's, treat, my)

_____________________________________.

055. 잠시 동안 전화하지 마. (don't, a, for, phone, while, me)

_____________________________________.

056. 저는 막 일을 끝냈어요. (my, work, I, with, just, through, got)

_____________________________________.

057. 얼굴 보기 힘들군요. (it's, you, catch, to, hard)

_____________________________________.

058. 저는 영화광입니다. (buff, a, I'm, movie)

_____________________________________.

059. 성함을 여쭤 봐도 괜찮습니까?
(is, with, you, ask, name, your, if, I, that, okay)

_____________________________________?

060. 중국어를 좀 배우시는 게 어떻겠습니까?
(Chinese, have, considered, you, ever, learning)

_____________________________________?

Step 7

061 I was born and grew up in Seoul.
저는 서울에서 태어나고 자랐습니다.

062 I get butterflies in my stomach on stage.
저는 무대 공포증이 있어요.

063 Have you ever thought about giving up smoking?
금연하는 거 생각해 보셨나요?

064 I'm music-minded.
저는 음악이 인생의 전부입니다.

065 Do you think I should believe you?
당신을 믿어야 한다고 생각합니까?

066 Would you be willing to study abroad?
외국에서 공부할 의향은 있나요?

067 Would you be so kind to tell Mr. Kim I'm here?
제가 왔다고 미스터 김에게 전해 주시겠습니까?

068 Weren't you tipped off about this meeting?
이 모임에 대해서 정보를 듣지 못했나요?

069 How could they possibly know that you're home?
당신이 집에 있는지 그들이 어떻게 알죠?

070 I couldn't help but pay for it.
어쩔 수 없이 내가 계산했어요.

I was born and grew up in Seoul.

저는 서울에서 태어나고 자랐습니다.

영어 회화 시간에 Where are you from?으로 질문을 하면 거의 대부분의 학생들이 I'm from...이라고 대답을 합니다. 이럴 때 I was born and grew up in Seoul.(저는 서울에서 태어나서 자랐습니다.)라고 대답하면 조금 더 세련된 표현이 됩니다.

❶ I was born and grew up in New York.

뉴욕에서 태어나서 자랐습니다.

❷ I was born and raised in Daegu.

대구에서 태어나서 자랐습니다.

❸ I was born and raised in a small town called Icheon.

이천이라는 작은 도시에서 태어나고 자랐습니다.

❹ I was born in Jeju but grew up in Seoul.

제주에서 태어났지만 서울에서 자랐어요.

❺ I was born in Japan but raised in Korea.

일본에서 태어났지만 한국에서 자랐어요.

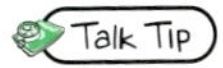 Talk Tip

상대방의 얘기를 제대로 이해 못했을 때 간단하게 Excuse me? 또는 I beg your pardon?을 활용하면 됩니다.

Jason_
실례합니다만, 어디 출신입니까?

Billy_
저는 부산 출신입니다.

Jason_
뭐라고 하셨죠?

Billy_
저는 부산에서 태어나서 자랐습니다.

I get butterflies in my stomach on stage.

저는 무대 공포증이 있어요.

'나는 ~에 대해 공포증을 갖고 있다'를 영어로 표현하면 I get butterflies in my stomach. 또는 I get ants in my pants.라고 합니다. 만약 '뱃속에 나비가 들어있다'라고 생각을 하면 다소 거북스럽거나 불안함이 느껴질 수 있다는 걸 떠올리며 표현을 익혀 보세요.

❶ **I get butterflies in my stomach whenever** I have a job interview.
저는 면접을 볼 때마다 떨립니다.

❷ **I get butterflies in my stomach whenever** I have a date with her.
저는 그녀와 데이트를 할 때마다 떨립니다.

❸ **I get butterflies in my stomach whenever** I have an English conversation class.
저는 영어 회화 수업을 들을 때마다 떨립니다.

❹ **I get butterflies in my stomach whenever** I make a speech.
저는 연설을 할 때마다 떨립니다.

❺ **I get butterflies in my stomach whenever** I go abroad.
저는 해외에 갈 때마다 떨립니다.

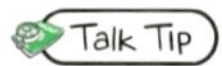

Talk Tip

'농담이시죠?'에 해당하는 영어 표현으로 Are you kidding/ joking? 또는 Are you pulling my leg? 등이 있습니다.

Michael_
걱정이 있어 보입니다. 무슨 일입니까?

Billy_
저는 무대 공포증이 있어요.

Michael_
농담하는 거죠?

Billy_
아니요, 진짜예요.

Have you ever thought about giving up smoking?

금연하는 거 생각해 보셨어요?

일상생활 속에서 자주 사용하는 표현으로 「Have you ever thought about -ing?」가 있는데 '~을/를 생각해 본 적이 있습니까?' 또는 '~을/를 생각해 보셨나요?'라는 의미로 씁니다. 다양한 상황에 응용하여 사용할 수 있는 표현입니다.

❶ **Have you ever thought about learning Korean?**

한국말을 배우는 거에 대해 생각해 봤어요?

❷ **Have you ever thought about giving up drinking?**

술 끊는 거 생각해 봤어요?

❸ **Have you ever thought about moving?**

이사하는 건 어떻습니까?

❹ **Have you ever thought about working in Japan?**

일본에서 근무하는 것에 대해 생각해 봤어요?

❺ **Have you ever thought about your future?**

당신 미래에 대해 생각해 봤어요?

Talk Tip

I don't mind.는 우리말로 '상관없습니다.'라는 뜻으로 I don't care. 또는 It's not important. 등도 같은 의미입니다.

Dialog

Jason_
금연하는 거 생각해 봤어요?

Billy_
생각 안 해 봤습니다. 저는 담배 피울 권리가 있다고 생각해요.

Jason_
하지만 흡연은 당신 건강에 상당히 해로운 것 같아요.

Billy_
상관없습니다.

I'm music-minded.

저는 음악이 인생의 전부입니다.

'~는/은 나의 전부다' 또는 '~는/은 내 인생의 전부다'라는 말을 영어로는 -minded를 써서 표현할 수 있습니다. 이것은 '~만 생각하는'이라는 뜻으로 24시간 동안 오로지 한 가지만 생각하는 사람을 빗대어서 말하는 표현입니다.

❶ I'm English-minded. That's because I like it a lot.

저는 영어만 생각해요. 영어를 굉장히 좋아하기 때문이죠.

❷ I'm Chinese-minded. That's why I try to watch Chinese movies.

저는 중국어만 생각해요. 그래서 중국 영화들을 보려고 해요.

❸ I'm movie-minded. I mean I'm a movie buff.

영화가 인생의 전부예요. 제 말은 전 영화광이라고요.

❹ I'm computer-minded. Actually, I can't live without my computer.

컴퓨터가 인생의 전부예요. 사실, 전 컴퓨터 없이는 못살아요.

❺ I'm money-minded. To tell the truth, money means everything to me.

돈만 생각해요. 사실, 돈이 저에게는 전부입니다.

Dialog

Jason_
음악 듣는 것을 좋아하세요?

Billy_
물론이죠. 제 말은 저는 음악이 인생의 전부라고요. 당신은요?

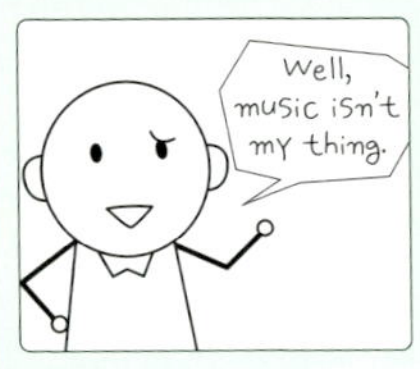

Jason_
글쎄요, 음악하고는 거리가 멀어요.

Billy_
정말 유감입니다.

Do you think I should believe you?

당신을 믿어야 한다고 생각합니까?

「Do you think + 주어 + 동사…?」는 '~라고 생각합니까?'라는 표현으로 다양하게 활용하여 사용할 수 있습니다. think 대신에 문어체에서는 reckon을 쓰기도 합니다.

❶ **Do you think I should** do my best to finish my project?

프로젝트를 끝내기 위해서는 제가 최선을 다해야 한다고 생각합니까?

❷ **Do you think I should** get some fresh air now?

지금 제가 바람 좀 쐬어야 한다고 생각하나요?

❸ **Do you think I should** stop drinking?

제가 술을 끊어야 한다고 생각합니까?

❹ **Do you think I should** learn Chinese?

제가 중국어를 배워야 한다고 생각해요?

❺ **Do you think I should** buy a birthday present?

제가 생일 선물을 사야 한다고 생각하는 건가요?

Talk Tip

제안의 표현으로 가장 많이 사용되는 패턴이 바로 「Why don't you + 동사…?」이고, 시험에서도 자주 등장합니다.

Dialog

Jason_
오늘 저녁에 제 공연이 있어요.

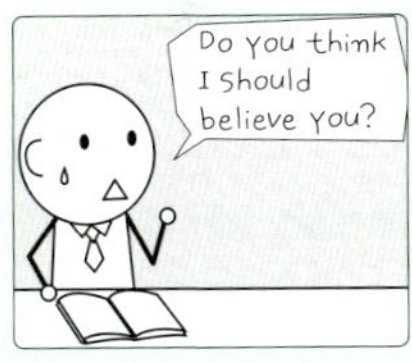

Billy_
당신을 믿어야 한다고 생각합니까?

Jason_
물론이죠. 오셔서 제 공연을 구경하시죠?

Billy_
좋은 생각입니다.

Would you be willing to study abroad?

외국에서 공부할 의향은 있나요?

「Would you willing to + 동사…?」는 '~할 의향이 있나요?'라는 의미입니다. 여기서 동사만 바꿔 주면 아주 다양한 의미의 문장들을 만들 수 있습니다.

❶ **Would you be willing to make a donation?**

기부할 생각이 있으세요?

❷ **Would you be willing to host a conference?**

회의를 주최할 생각이 있으신지요?

❸ **Would you be willing to help me finish my report?**

제가 보고서를 끝내도록 도와줄 생각이 있으세요?

❹ **Would you be willing to travel with me around the world?**

저와 함께 전 세계를 여행할 의향이 있습니까?

❺ **Would you be willing to go abroad?**

해외로 갈 의향이 있나요?

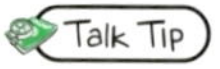
Talk Tip

「be eager to + 동사」의 패턴은 '~하기를 갈망/열망하다'라는 의미입니다.

Dialog

Jason_
외국에서 공부할 의향이 있나요?

Billy_
네, 저는 나중에 더 나은 직업을 얻기 위해서 외국에서 공부하기를 열망해요.

Jason_
어디서 공부를 하고 싶으신가요?

Billy_
저는 뉴욕에서 영어 공부를 하고 싶습니다.

Would you be so kind to tell Mr. Kim I'm here?

제가 왔다고 미스터 김에게 전해 주시겠습니까?

영어에도 우리말처럼 존칭 표현이 따로 있습니다. 정중하게 상대방에게 말을 건네고 싶을 때 「Would you be so kind to + 동사…?」의 영어 패턴을 사용해 보세요. 뜻은 '~을 해 주시겠습니까?'이고, 비슷한 표현인 Would you please...?도 자주 사용합니다.

❶ **Would you be so kind to give me a call?**

저에게 전화해 주시겠습니까?

❷ **Would you be so kind to give me a hand?**

저를 도와주시겠습니까?

❸ **Would you please walk me home?**

저를 집까지 바래다주시겠어요?

❹ **Would you please tell me your age?**

연세를 말씀해 주시겠습니까?

❺ **Would you please help me with my project?**

제 프로젝트를 도와주시겠습니까?

Talk Tip

대화 중에 나온 What can I do for you?(무엇을 도와 드릴까요?)는 일상생활 속에서 많이 사용하는 표현입니다.

Dialog

Secretary_
실례하지만 무엇을 도와 드릴까요?

Billy_
제가 왔다고 미스터 김에게 전해 주시겠습니까?

Secretary_
알았습니다. 당장 그렇게 할게요.

Billy_
고맙습니다.

Weren't you tipped off about this meeting?

이 모임에 대해서 정보를 듣지 못했나요?

tip A off about...은 'A에게 ~에 대한 비밀 정보를 제공하다, 귀띔해 주다'라는 뜻입니다. 이것의 수동 표현인 Weren't you tipped off about...?은 '~에 대한 정보를 듣지 못했나요[귀띔을 받지 못했나요?]'라는 말입니다.

❶ **Weren't you tipped off about this project?**

이 프로젝트에 대한 정보를 듣지 못했나요?

❷ **Weren't you tipped off about her marriage?**

그녀 결혼에 대한 정보를 듣지 못했나요?

❸ **Weren't you tipped off about that event?**

저 행사에 대한 정보를 듣지 못했나요?

❹ **Weren't you tipped off about our annual meeting?**

우리 연례 모임에 대한 정보를 못 들었어요?

❺ **Weren't you tipped off about his new assignment?**

그의 새로운 업무에 대한 정보를 못 들었어요?

Talk Tip

'정말 미안합니다'라는 표현은 영어로 I'm awfully/terribly sorry.라고 하면 됩니다.

Dialog

Jason_
안녕하세요. Peter, 조금 늦었군요.

Peter_
정말 미안합니다.

Jason_
이 모임에 대해서 정보를 듣지 못했나요?

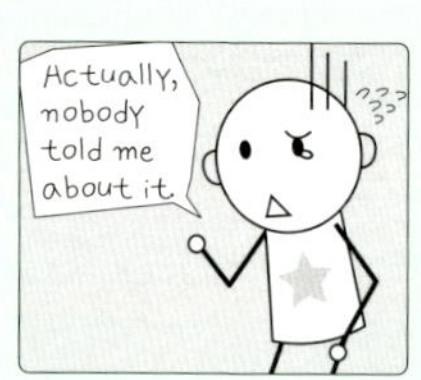

Peter_
사실, 아무도 저에게 얘기를 해 주지 않았습니다.

How could they possibly know that you're home?

당신이 집에 있는지 그들이 어떻게 알죠?

「How could + 주어 + possibly know that…?」의 기본 문형을 응용해서 다양한 문장을 만들면 됩니다. '주어가 that 이하를 어떻게 알죠?'라는 의미입니다.

❶ How could I possibly know that he's a little sick?

그가 약간 아프다는 것을 어떻게 알 수가 있죠?

❷ How could I possibly know that he's just a kid?

그는 단지 어린 아이에 불과하다는 것을 어떻게 알죠?

❸ How could I possibly know that he's business-minded?

그가 일벌레라는 것을 어떻게 알 수가 있죠?

❹ How could I possibly know that she's a moviegoer?

그녀가 영화 애호가라는 것을 어떻게 알 수가 있죠?

❺ How could I possibly know that she's angry?

그녀가 화났다는 것을 어떻게 알 수가 있죠?

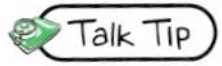

Talk Tip

'사실은'에 해당하는 영어 표현으로는 as a matter of fact, indeed, in fact 등이 있습니다.

Dialog

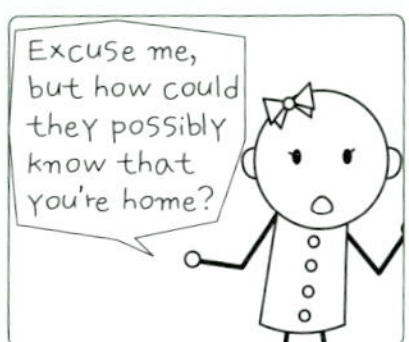

Mina_
실례합니다만 당신이 집에 있는지 그들이 어떻게 알죠?

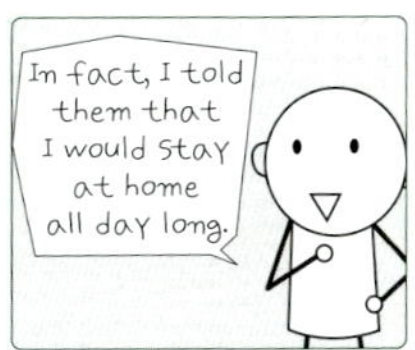

Billy_
사실은 온종일 집에 있을 거라고 얘기했어요.

Mina_
정말이에요?

Billy_
네, 사실입니다.

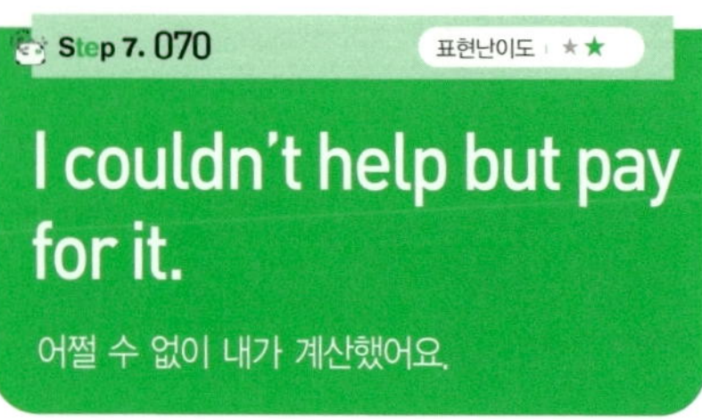

I couldn't help but pay for it.

어쩔 수 없이 내가 계산했어요.

영어로 「I couldn't help but + 동사」는 '어쩔 수 없이 ~하게 되었습니다'라는 뜻으로 동사 자리의 어휘를 대체하면 다양한 문장을 만들 수 있습니다.

❶ **I couldn't help but** overhear.
어쩔 수 없이 엿듣게 되었습니다.

❷ **i couldn't help but** oversleep.
어쩔 수 없이 늦잠을 자게 되었어요.

❸ **I couldn't help but** overeat this morning.
오늘 아침 어쩔 수 없이 과식했어요.

❹ **I couldn't help but** call you at midnight.
어쩔 수 없이 자정에 전화하게 되었습니다.

❺ **I couldn't help but** yawn in the middle of a meeting.
어쩔 수 없이 회의 중에 하품을 했습니다.

 **Talk Tip**

'승진하다'는 영어로 get a promotion, get promoted라고 표현합니다.

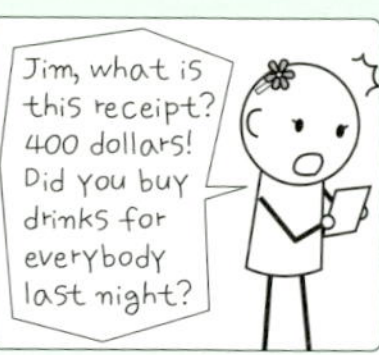

Wife_
Jim, 이 영수증이 뭐죠? 400달러뇨! 지난밤에 모든 사람에게 술을 샀나요?

Husband_
미안해요, 여보. 최근에 내가 승진했잖아요.

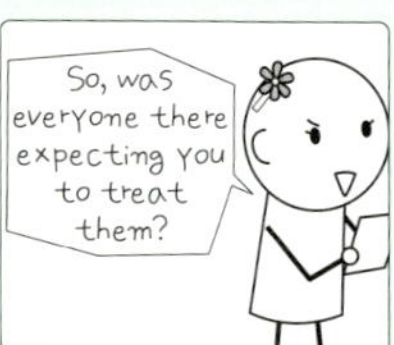

Wife_
그래서 그곳에 있던 모든 사람들이 당신이 한턱 낼 거라고 기대했나요?

Husband_
맞아요. **어쩔 수 없이 계산했어요.**

Let's take a **Review**

061. 저는 서울에서 태어나서 자랐습니다.
(I, Seoul, in, born, and, was, up, grew)

____.

062. 저는 무대 공포증이 있습니다.
(I, butterfiles, on, in, stage, get, stomach, my)

____.

063. 금연하는 거 생각해 보셨나요?
(have, smoking, you, about, ever, giving, thought, up)

____?

064. 저는 음악이 인생의 전부입니다. (am, I, -minded, music)

____.

065. 당신을 믿어야 한다고 생각합니까?
(you, do, you, I, should, think, believe)

____?

066. 외국에서 공부할 의향은 있나요?
(would, abroad, willing, you, study, to, be)

____?

067. 제가 왔다고 미스터 김에게 전해 주시겠습니까?
(Mr. Kim, I'm, so, kind, tell, be, would, here, you, to)

____?

068. 이 모임에 대해서 정보를 듣지 못했나요?
(weren't, this, meeting, off, you, about, tipped)

____?

069. 당신이 집에 있는지 그들이 어떻게 알죠?
(home, how, you, that, are, know, they, possibly, could)

____?

070. 어쩔 수 없이 제가 계산했습니다. (I, pay, for, but, couldn't, help, it)

____.

071 Have you ever thought about our talk?
우리 얘기에 대해서 생각해 본 적 있습니까?

072 I just got off the phone with him.
그와 방금 전에 통화했어요.

073 If there's anything you want me to do, please let me know.
제가 할 게 있으면 알려 주세요.

074 I'm the last man to tell a lie.
저는 결코 거짓말할 사람이 아니에요.

075 Could you possibly tell me your name?
성함을 말씀해 주시겠습니까?

076 I'm on pins and needles.
저는 안절부절못하고 있습니다.

077 I can't get enough of her music.
그녀의 음악은 아무리 들어도 지겹지 않습니다.

078 Raw fish is at its best at this time of year.
회는 일 년 중에 지금이 가장 맛있을 때입니다.

079 I still have trouble expressing myself in English.
영어로 자신을 표현하기가 아직도 어려워요.

080 Let's discuss the matter over the bottle.
술 한잔하면서 그 문제에 대해 논의합시다.

Have you ever thought about our talk?

우리 얘기에 대해서 생각해 본 적 있습니까?

「Have you ever thought about + 명사/동명사?」는 '~에 대해서 생각해 본 적 있습니까?'라는 의미의 패턴입니다.

❶ **Have you ever thought about** your future?

미래에 대해 생각해 본 적 있나요?

❷ **Have you ever thought about** your promotion?

승진에 대해서 생각해 본 적 있습니까?

❸ **Have you ever thought about** buying your winter coat?

겨울용 외투 구입에 대해서 생각해 본 적 있나요?

❹ **Have you ever thought about** his suggestion?

그의 제안에 대해서 생각해 본 적 있습니까?

❺ **Have you ever thought about** her new advertising strategy?

그녀의 새로운 광고 전략에 대해서 생각해 본 적 있으세요?

Talk Tip

I totally forgot. 외에 I completely forgot.도 '완전히/까맣게 잊었어요.'라는 뜻입니다.

Dialog

Jason_

안녕, Jimmy. **우리 얘기에 대해서 생각해 본 적 있어요?**

Jimmy_

무슨 말 하는 거죠?

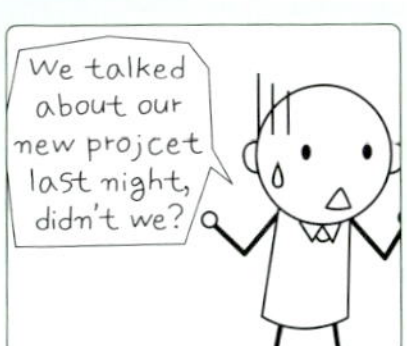

Jason_

지난밤에 우리의 새로운 프로젝트에 대해서 얘기했잖아요, 아닌가요?

Jimmy_

미안해요, 까맣게 잊고 있었어요. 알려줘서 고마워요.

I just got off the phone with him.

그와 방금 전에 통화했어요.

get off에는 '손을 떼다' 또는 '그만두다'라는 의미가 있습니다. 그래서 get off the phone이 '전화기에서 손을 떼다, 전화를 그만두다'라는 의미이므로 I just got off the phone with...는 '~와/과 방금 전에 통화를 끝냈다, ~와/과 방금 통화를 마쳤다'라는 의미입니다.

❶ I just got off the phone with my boss.

사장님과 방금 전에 전화 통화를 끝냈어요.

❷ I just got off the phone with my younger brother living in Japan.

일본에 살고 있는 남동생과 방금 전에 전화 통화했어요.

❸ I just got off the phone with my husband's manager.

제 남편 매니저와 방금 통화하고 끊었어요.

❹ I just got off the phone with Julie. She told me she picked up a cold.

Julie와 방금 전에 통화를 끝냈는데 감기 걸렸대요.

❺ I just got off the phone with Robert working as a consultant.

컨설턴트로 근무하고 있는 Robert와 방금 전에 통화를 끝냈습니다.

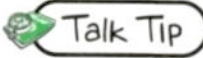

Talk Tip

call in sick은 '전화로 병가를 내다'라는 뜻입니다.

Dialog

Jason_
Tony가 전화했습니까?

Billy_
네, 그와 방금 전에 통화했어요.

Jason_
그가 뭐라고 그래요?

Billy_
아파서 출근 못하겠다고 전화했던 거예요.

If there's anything you want me to do, please let me know. 제가 할 게 있으면 알려 주세요.

상대방에게 정중하게 의견을 묻고 싶을 때 사용할 수 있는 표현으로 「want me to+동사」의 패턴 속에 다양한 의미의 동사를 넣어 활용하면 좋습니다.

❶ If there's anything you want me to prepare for you, please let me know.
제가 당신을 위해 준비할 게 있으면 알려 주세요.

❷ If there's anything you want me to receive from your sister, please let me know.
제가 당신 여동생에게 받을 게 있으면 알려 주세요.

❸ If there's anything you want me to fix, please let me know.
제가 고칠 게 있으면 알려 주세요.

❹ If there's anything you want me to do for you, please let me know.
제가 당신을 위해 할 일이 있으면 알려 주세요.

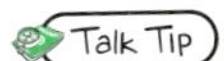

Talk Tip

기본 인사 표현으로 사용되는 How are you doing? 외에 What's new? 또는 What's up? 등도 쓸 수 있습니다.

Dialog

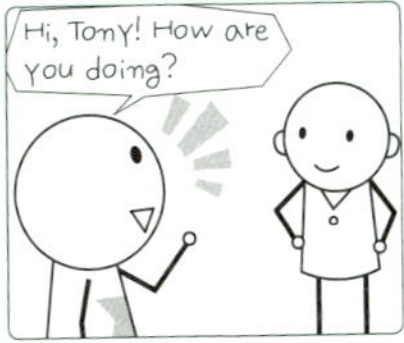

Jason_
안녕하세요, Tony. 어떻게 지내요?

Tony_
잘 지내요. 당신은요?

Jason_
좋아요. 그런데요, 제가 할 게 있으면 알려 주세요.

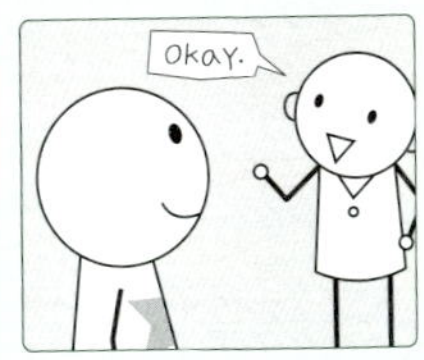

Tony_
알겠습니다.

I'm the last man to tell a lie.

저는 결코 거짓말할 사람이 아니에요.

직역을 하면 '저는 거짓말을 하는 마지막 사람입니다.'가 되는데, 이는 결코 거짓말을 할 사람이 아니라는 의미입니다.

❶ I'm the last man to go for a swim.
저는 결코 수영하러 갈 사람이 아니에요.

❷ I'm the last man to marry her.
저는 결코 그녀와 결혼할 사람이 아니에요.

❸ I'm the last man to go jogging.
저는 결코 조깅하러 갈 사람이 아니에요.

❹ I'm the last man to tell you the truth.
저는 결코 당신에게 진실을 말할 사람이 아니에요.

❺ I'm the last man to live alone.
저는 결코 혼자 살 사람이 아니에요.

Talk Tip

Are you kidding me?는 '농담하세요?'라는 뜻입니다.

Dialog

Jason_
Jane, 당신을 아주 많이 사랑해요.

Jane_
이봐요, 농담하는 거죠?

Jason_
아니에요. **저는 결코 거짓말할 사람이 아니에요.**

Jane_
당신 말을 못 믿겠어요.

Could you possibly tell me your name?

성함을 말씀해 주시겠습니까?

영어로 What's your name?은 누구나 아는 흔한 표현입니다. 상황에 따라서 격식을 갖추어 표현하고 싶다면 Could you possibly tell me your name?이라고 하면 좋습니다. 이름뿐 아니라 다른 것을 말해 달라고 공손히 요청하는 경우에도 다양하게 사용할 수 있는 표현입니다.

❶ Could you possibly tell me your phone number?

당신 전화번호 좀 가르쳐 주시겠어요?

❷ Could you possibly tell me your age?

연세가 어떻게 되십니까?

❸ Could you possibly tell me your new address?

새 주소가 어떻게 되십니까?

❹ Could you possibly tell me about your new project?

새 계획에 대해 말씀해 주시겠어요?

❺ Could you possibly tell me about yourself for a moment?

잠깐 자신에 대해서 말씀해 주시겠어요?

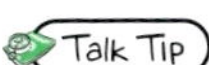

Talk Tip

Nice to meet you.는 처음 만난 상대방에게 건네는 인사이고 Nice meeting you.는 만나서 반가웠다는 의미로 헤어질 때 하는 인사입니다.

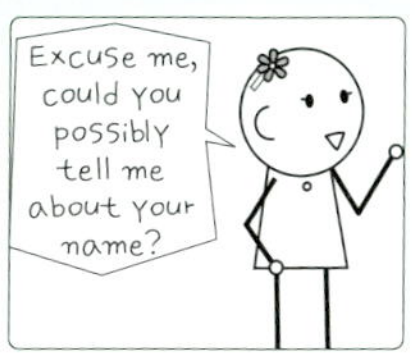

Sora_
실례하지만, 성함을 말씀해 주시겠습니까?

Jimmy_
Jimmy라고 부르세요.

Sora_
만나서 반가워요.

Jimmy_
저 역시 만나서 반갑습니다.

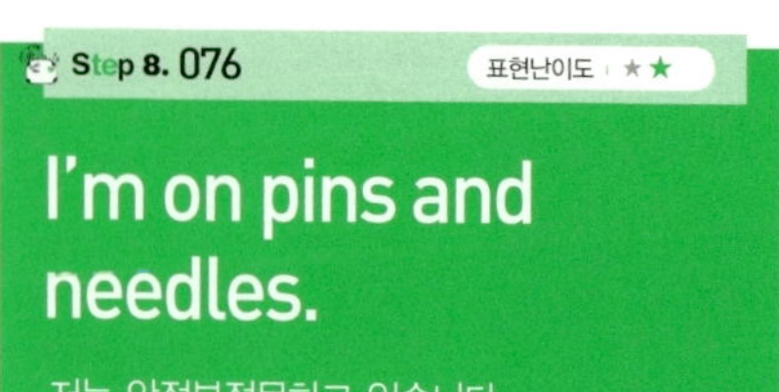

I'm on pins and needles.

저는 안절부절못하고 있습니다.

'초조하다, 안절부절못하다'라고 할 때 영어로 have (got) butterflies in one's stomach을 써서 표현하거나 또는 be on pins and needles를 써서 나타낼 수도 있습니다.

❶ **Mr. Park is on pins and needles.**
미스터 박은 안절부절못합니다.

❷ **Mr. Kim is on pins and needles.**
미스터 김은 안절부절못합니다.

❸ **My wife and I were on pins and needles.**
아내와 나는 안절부절못했습니다.

❹ **Mr. Han's got butterflies in his stomach.**
미스터 한은 안절부절못합니다.

❺ **My father's got butterflies in his stomach.**
아버지께서 안절부절못하십니다.

Talk Tip

동사 look은 뒤에 형용사 또는 분사가 오며 '(형용사/분사)하게 보이다'라는 뜻입니다.

Jason_
무슨 일이에요? 걱정스러워 보여요.

Billy_
안절부절못하겠어요.

Jason_
혹시 면접같은 거라도 있나요?

Billy_
네, 토요일에 면접이 있어요.

I can't get enough of her music.

그녀의 음악은 아무리 들어도 지겹지 않습니다.

「can't get enough of + 명사」는 '~는 아무래도 질리지 않는다'라는 표현입니다. 아직 충분히 가지지 못했다는 어휘 그대로의 뜻을 잘 생각해 보면 '질리지 않는다'라는 의미를 유추할 수 있습니다.

❶ **I can't get enought of drinking coffee every day.**
매일 커피를 마셔도 질리지 않아요.

❷ **I can't get enough of this lecture.**
이 강의는 질리지 않아요.

❸ **I can't get enought of reading a book.**
독서는 지겹지 않아요.

❹ **I can't get enought of watching TV.**
텔레비전은 보면 볼수록 재미있어요.

❺ **I can't get enought of stuying English with him.**
그와 함께 하는 영어 공부는 지겹지가 않아요.

> **Talk Tip**
>
> What makes you say that?은 '왜 그런 말을 하는 거죠?'라는 뜻입니다.

Dialog

Jason_
가장 좋아하는 팝 가수가 누구죠?

Billy_
Celine Dion을 좋아합니다. 그녀의 음악은 아무리 들어도 지겹지 않습니다.

Jason_
왜 그렇죠?

Billy_
그녀는 대단한 가수인 것 같아요.

Raw fish is at its best at this time of year.

회는 일 년 중에 지금이 가장 맛있을 때입니다.

'지금 ~가 제철을 만났다, ~은/는 일 년 중에 지금이 가장 좋은 때다'를 영어로 표현하면 be at its best at this time of year입니다.

❶ I heard that the Jeju island is at its best at this time of year.

제주도는 일 년 중 지금이 가장 좋은 때라고 들었습니다.

❷ Water melon is at its best at this time of year.

수박은 일 년 중 지금이 가장 제철입니다.

❸ The sightseeing in Busan is at its best at this time of year.

일 년 중 지금이 부산에서 관광하기 제일 좋은 때입니다.

❹ Shopping is at its best at this time of year.

쇼핑하기에 일 년 중 지금이 가장 좋은 때입니다.

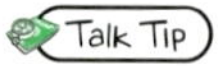

Talk Tip

be famous for라고 하면 '~로 유명하다'라는 뜻으로 비슷한 표현으로 be notable for가 있습니다.

Dialog

Jason_
실례합니다만, 고향이 어디신가요?

Billy_
부산입니다.

Jason_
부산은 무엇이 유명하죠?

Billy_
일 년 중에 지금이 회가 가장 맛있을 때입니다.

I still have trouble expressing myself in English.

영어로 자신을 표현하기가 아직도 어려워요.

영어를 잘 못한다는 표현은 I can't speak English very well.이라고 흔하게 쓸 수 있습니다. 하지만 조금 더 세련된 표현을 하고 싶다면 I still have trouble expressing myself in English.라고 표현하면 좋습니다.

❶ I still have trouble focusing in class.
수업에 집중하는 게 여전히 어려워요.

❷ I still have trouble learning Japanese.
일본어를 배우는 게 여전히 힘들어요.

❸ I still have trouble making friends.
친구를 사귀는 게 아직도 어려워요.

❹ I had trouble getting used to new house.
새 집에 적응하는 데 어려움이 있었어요.

❺ I have trouble expressing myself in Korean because it's not that easy to learn it.
한국어는 배우기가 그리 쉽지 않아서 제 자신을 표현하기가 어려워요.

 Talk Tip

be good at은 '~에 능통하다, 잘하다'라는 뜻입니다. 반대말은 be poor at이지만, 실제로는 not good at을 더 자주 씁니다.

Dialog

Jason_
얼마나 많은 외국어를 구사할 수 있나요?

Billy_
영어뿐만 아니라 일본어도 할 수 있어요.

Jason_
영어는 잘합니까?

Billy_
사실, 영어로 자신을 표현하기가 아직도 어려워요.

Let's discuss the matter over the bottle.

술 한잔하면서 그 문제에 대해 논의합시다.

전치사 over는 '~하는 동안에, ~하면서'라는 뜻으로도 쓰입니다. 그리고 명사 bottle은 '병'을 의미하기도 하지만 여기서는 '술'이라는 의미로 쓰였습니다. 따라서 over the bottle은 '술 마시면서, 술 한잔하면서'라는 뜻입니다.

❶ **Let's discuss the matter over a cup of coffee if possible.**
가능하면 커피 한잔하면서 그 일에 대해 논의합시다.

❷ **Let's discuss the matter over a glass of wine at a bar.**
바에서 와인 한잔하면서 그 일에 대해 논의합시다.

❸ **Let's discuss the matter over lunch at 12 o'clock today.**
오늘 12시에 점심 먹으면서 그 일에 대해 논의합시다.

❹ **Let's discuss the matter over dinner after work.**
일과 후에 저녁 먹으면서 그 일에 대해 논의합시다.

❺ **Let's discuss the matter over breakfast. What do you say?**
아침 먹으면서 그 일에 대해 논의합시다. 어때요?

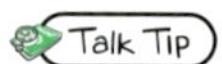

Talk Tip

「I have something to + 동사 원형」은 '나는 ~할 것이 있다'라는 표현입니다.

Dialog

Jason_
잠시 얘기를 나눌 수 있을까요?

Billy_
물론이죠, 제가 무엇을 했으면 좋겠어요?

Jason_
당신과 의논할 게 있어요.

Billy_
정말이에요? 술 한잔하면서 얘기하죠.

Let's take a **Review**

071. 우리 얘기에 대해서 생각해 본 적 있습니까?
(talk, you, ever, have, our, thought, about)

____ ?

072. 그와 방금 전에 통화했어요. (just, him, the, I, phone, off, with, got)

____ .

073. 제가 할 게 있으면 알려 주세요.
(if, do, there, me, you, please, me, know, want, let, is, anything, to)

____ .

074. 저는 결코 거짓말을 할 사람이 아니에요.
(I, am, last, to, a, tell, the, man, lie)

____ .

075. 성함을 말씀해 주시겠습니까?
(name, your, could, you, tell, possibly, me)

____ ?

076. 저는 안절부절못하고 있습니다. (I, pins, am, needles, and, on)

____ .

077. 그녀의 음악은 아무리 들어도 지겹지 않습니다.
(enough, her, I, music, of, can't, get)

____ .

078. 회는 일 년 중에 지금이 가장 맛있을 때입니다.
(raw, year, best, at, this, time, of, its, fish, is, at)

____ .

079. 영어로 자신을 표현하기가 아직도 어려워요.
(English, I, still, trouble, have, myself, expressing, in)

____ .

080. 술 한잔하면서 그 문제에 대해 논의합시다.
(let's, bottle, the, the, over, matter, discuss)

____ .

Step 9

081 I don't know from A to Z about Japanese.
일본어에 대해 제대로 아는 게 하나도 없어요.

082 The traffic is backed up to City Hall.
차가 시청까지 밀려 있습니다.

083 I'm under the impression that you're lying to me.
전 당신이 거짓말을 하고 있다고 믿고 있어요.

084 I wonder if you could tell me your marital status.
혹시 결혼하셨는지 모르겠네요.

085 Money burns a hole in your pocket.
돈을 물 쓰듯 하는군요.

086 Not in a million years.
절대로 안 돼.

087 I'll get back to you later.
잠시 후에 답변 드리죠.

088 Name the time and place.
시간과 장소를 말해 봐요.

089 I've just scratched the surface about English.
영어를 막 시작했습니다.

090 I don't have the nerve to ask her for a date.
용기가 없어서 그녀에게 데이트 신청을 못하겠어요.

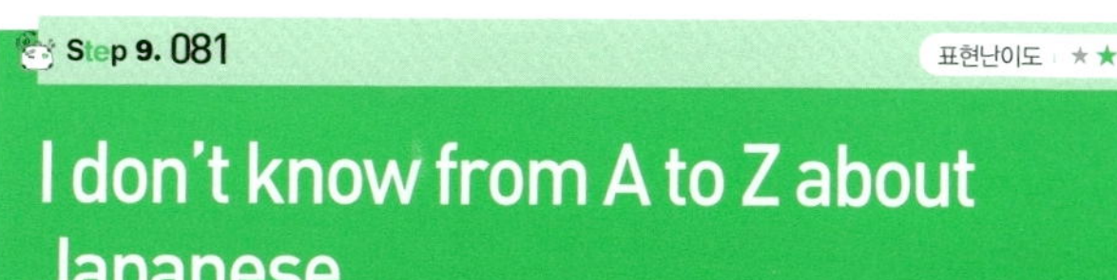

I don't know from A to Z about Japanese.

일본어에 대해 제대로 아는 게 하나도 없어요.

'잘 모른다'는 표현으로 가장 많이 사용하는 것이 I don't know.입니다. 이보다는 조금 어렵지만 '~에 대해 하나부터 열까지 제대로 아는 게 하나도 없다'라는 의미의 don't know from A to Z about...이라는 표현을 익혀 두면 조금 더 고급스러운 영어를 구사할 수 있습니다.

Jason_
일본어를 할 수 있나요?

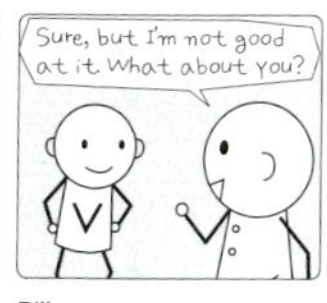

Billy_
물론이죠, 하지만 잘하지는 못해요. 당신은요?

Jason_
일본어에 대해 제대로 아는 게 하나도 없어요.

Billy_
무슨 뜻인지 알겠어요.

❶ **I don't know from A to Z about Korean dishes.**
한국 음식에 대해서는 완전히 문외한입니다.

❷ **I don't know from A to Z about this new advertising strategy.**
이 새로운 광고 전략에 대해서는 아는 바가 하나도 없어요.

❸ **I don't know from A to Z about that music. I mean, that's new to me.**
그 음악에 대해 전혀 몰라요. 제 말은, 그 음악은 처음 듣는다고요.

❹ **I don't know from A to Z about math. Actually, I'm very poor at it.**
수학에 대해 하나부터 열까지 제대로 아는 게 없어요. 사실, 수학에는 정말 자신이 없거든요.

Talk Tip

상대방의 얘기를 이해한 경우에 I know what you mean. 또는 I know what you're saying.이라고 표현하면 좋습니다.

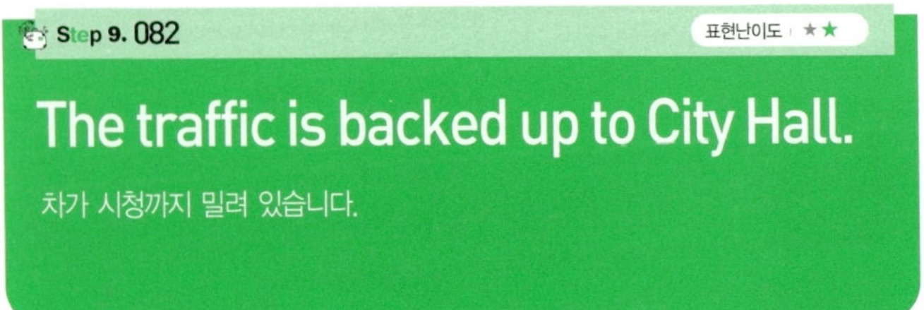

The traffic is backed up to City Hall.

차가 시청까지 밀려 있습니다.

차가 밀려 도로 위에 꼼짝 못하고 있었던 경험은 누구에게나 있는 일이죠. 이렇게 '차가 ~까지 밀려 있다'는 상황을 영어로 어떻게 표현하면 될까요? 「The traffic is backed up to + 장소」를 활용하면 됩니다.

Susan_
차가 정말 많이 막히네요!

Billy_
네, 맞아요. **차가 시청까지 밀려 있습니다.**

Susan_
기차역에 시간에 맞춰 어떻게 가죠?

Billy_
모르겠군요.

❶ **The traffic is backed up** for miles.

❷ **The traffic is backed up to** Gimpo International Airport.
김포 공항까지 차가 밀려 있네요.

❸ **The traffic is backed up to** the post office next to the train station.
차가 기차역 옆에 있는 우체국까지 밀려 있어요.

❹ **The traffic is backed up to** the bus terminal.
버스터미널까지 차가 밀려 있어요.

❺ **The traffic is backed up to** the department store located in the middle of a city.
도시 중심지에 위치한 백화점까지 차가 밀려 있어요.

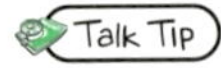

Talk Tip

상대방의 질문에 확실한 대답을 할 수가 없을 때 You got me there.(모르겠어요.)라고 말할 수 있습니다.

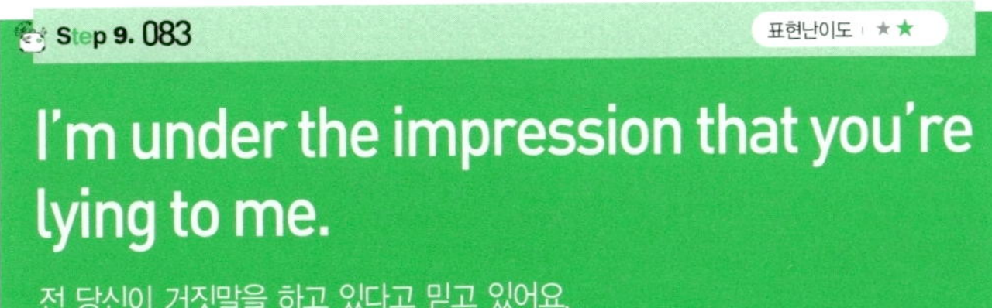

I'm under the impression that you're lying to me.

전 당신이 거짓말을 하고 있다고 믿고 있어요.

「be under the impression that + 주어 + 동사」는 'that절 이하의 주어가 ∼하다고 믿고 있다'라는 의미입니다. 보통은 사실이 아닌데 잘못 알고 있는 경우에 사용합니다.

Jason_
할 얘기가 있어요.

Sarah_
뭔데요?

Jason_
당신을 아주 많이 사랑해요.

Sarah_
전 당신이 거짓말을 하고 있다고 믿고 있어요.

❶ **I'm under the impression that you love me.**
당신이 절 사랑한다고 생각하고 있어요.

❷ **I'm under the impression that she will get fired.**
그녀가 해고당하리라 믿고 있어요.

❸ **I'm under the impression that he will succeed.**
그가 성공하리라 믿고 있어요.

❹ **I was under the impression that it was a real good buy.**
그걸 아주 싸게 샀다고 믿고 있었어요.

❺ **I was under the impression that I would be able to do business with him.**
그와 사업을 할 수 있을 거라 믿고 있었어요.

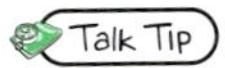
Talk Tip

사랑에 빠진 것을 상대방에게 표현할 때 I love you. 외에도 I'm crazy about you.나 I have a crush on you. 등의 다양한 표현이 있습니다.

I wonder if you could tell me your marital status.

혹시 결혼하셨는지 모르겠네요.

I wonder if you could tell me...는 우리말에 '실례하지만 ~를 좀 말씀해 주시겠어요?'라는 뜻입니다. 상대방에게 사적인 질문을 할 경우에 Are you married?처럼 직설적인 표현보다는 I wonder if you could tell me your martial status.라고 하는 것이 예의를 갖춘 표현입니

Billy_
사적인 질문을 좀 드려도 될까요?

Michael_
아니요, 상관없습니다. 물어보세요.

Billy_
혹시 **결혼하셨는지 모르겠네요.**

Michael_
작년에 결혼했습니다.

❶ **I wonder if you could tell me** your new advertising campaign.
새로운 광고 캠페인에 대해 말씀해 주실 수 있는지 모르겠네요.

❷ **I wonder if you could tell me** your new year's resolution.
새해 결심 좀 얘기해 주실 수 있는지 모르겠네요.

❸ **I wonder if you could tell me** your family for a moment.
잠시 동안 당신의 가족에 대해 말씀해 주실 수 있는지 모르겠네요.

❹ **I wonder if you could tell me** your phone number and address.
전화번호와 주소 좀 말씀해 주실 수 있으신지요.

❺ **I wonder if you could tell me** your project more specifically.
좀 더 구체적으로 당신 계획을 말씀해 주실 수 있으신지요.

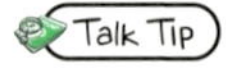 Talk Tip

우리말의 '상관없어요.'에 해당하는 영어 표현이 바로 I don't care. 또는 I don't mind.입니다.

표현난이도 ★ ★

Money burns a hole in your pocket.

돈을 물 쓰듯 하는군요.

돈을 펑펑 쓰는 사람을 보고 You are spending too much money.라고 해도 좋지만, 위의 문장처럼 좀 더 세련되게 표현해 보는 건 어떨까요. '돈을 마구 쓰는 바람에 손의 마찰로 주머니에 구멍이 생기게 되었다.'라는 문자 그대로의 의미에서 '돈을 물 쓰듯 한다.'라는 뜻을 유추할 수 있습니다.

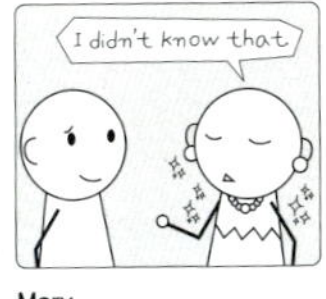

Jason_
아버님께서 혹시 부자신가요?

Mary_
왜 그렇게 생각하시죠?

Jason_
돈을 물 쓰듯 하잖아요.

Mary_
나는 몰랐어요.

❶ **Money burns a hole in** my husband's **pocket.**
   제 남편은 돈을 물 쓰듯 해요.

❷ **Money burns a hole in** my best friend's **pocket.**
   저의 제일 친한 친구는 돈을 너무 막 써요.

❸ **Money burns a hole in** my wife's **pocket.**
   제 아내는 돈을 너무 물 쓰듯 해요.

❹ **Money burns a hole in** his **pocket.** I think that he must be rich.
   그는 돈을 물 쓰듯 합니다. 부자인 게 틀림없나 봐요.

❺ **Money burns a hole in** Jane's **pocket** and she doesn't even know the importance of money.
   Jane은 돈을 물 쓰듯 하고 심지어 돈의 중요성에 대해서도 몰라요.

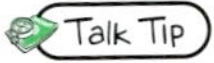 Talk Tip

영어로 Why do you think so? 보다는 What makes you think so?라는 하는 것이 더 세련되게 들립니다.

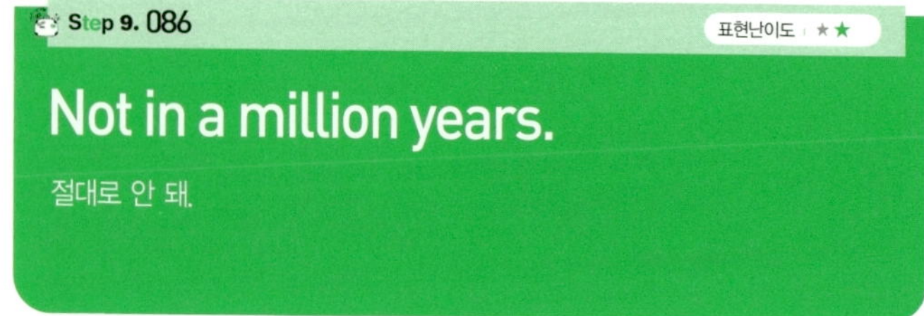

표현난이도 : ★★

Not in a million years.

절대로 안 돼.

상대방이 도저히 말도 안 되는 얘기나 부탁을 하면 우리는 흔히 '말도 안 돼, 웃기는 소리 하지 마, 어림없는 소리 하지도 마, 절대 안 돼, 그런 일은 절대 없을 거야.' 등의 반응을 보이게 됩니다. 영어로 쉽게 No way.라고 말할 수 있지만 이 표현도 함께 알아 두세요.

Joe_
다시 할 수 있을 것 같아.

Billy_
그런 일은 절대 없을 거야.

Joe_
왜 그렇게 생각하지?

Billy_
네게 그런 능력이 있다고 생각하지 않아.

❶ **Can I borrow your car? ~ Not in a million years.**
차 좀 빌릴 수 있을까? ~ 절대 안 돼.

❷ **Why don't you lend me some money? ~ Not in a million years.**
돈 좀 빌려주지 않을래? ~ 말도 안 되는 소리 하지 마.

❸ **Why don't you give me a hand with my homework? ~ Not in a million years.**
내 숙제 좀 도와줄래? ~ 그런 일은 절대로 없을 거야.

❹ **Why don't you stop smoking? ~ Not in a million years.**
담배 좀 끊지? ~ 절대로 그런 일은 없을 거야.

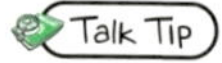
Talk Tip

competent는 '유능한, 충분히 자격을 갖춘'이라는 뜻을 가지고 있습니다.

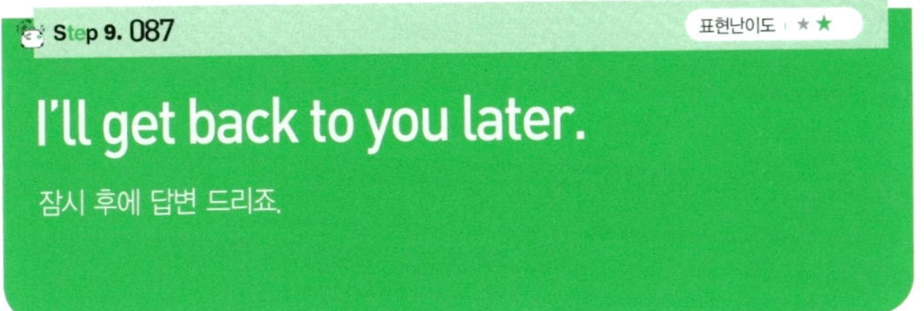

I'll get back to you later.

잠시 후에 답변 드리죠.

가끔은 상대방에게 질문을 받고 즉석에서 대답하기 곤란한 경우에 '잠시 후에 말씀드리겠습니다.'라고 말하게 되는데, 영어로는 I'll get back to you later.라고 할 수 있습니다. 갑자기 곤란한 질문을 받거나 생각할 시간이 필요한 경우에도 사용할 수 있습니다.

Boss_
돈을 얼마 정도 받고 싶습니까?

Employee_
글쎄요, **잠시 후에 답변 드리죠.**

Boss_
알겠습니다. 가능한 한 빨리 알려주세요.

Employee_
물론이죠, 그렇게 하겠습니다.

❶ **Are you married or single?** ~ I'll get back to you later.
결혼했나요, 아니면 미혼입니까? ~ 잠시 후에 알려 드리겠습니다.

❷ **I wonder whether you love me or not.** ~ I'll get back to you later. I'm busy now.
저를 사랑하는지 아닌지 궁금합니다. ~ 잠시 후에 알려 드리겠습니다. 지금 바빠요.

❸ **How many children do you have?** ~ I'll get back to you later. I have a call.
자녀가 몇 명입니까? ~ 잠시 후에 알려 드리겠습니다. 전화가 와서요.

❹ **What's bugging you?** ~ I'll get back to you later. I have to get this done.
왜 그래요? ~ 잠시 후에 알려 드리겠습니다. 이것 좀 끝내야 하거든요.

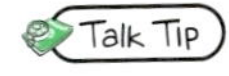 Talk Tip

영어로 sure thing은 상대방의 제안 또는 요청에 대해 긍정적인 답을 줄 때 사용합니다.

Name the time and place.

시간과 장소를 말해 봐요.

친구와 함께 약속을 할 때나 모임 장소에 합류할 경우에 '시간과 장소를 말해 봐.'라는 표현을 자주 쓰게 되는데 이를 영어로 표현하면 Name the time and place.라고 합니다. 여기서 name은 동사로 '말하다, 명칭을 얘기하다'라는 뜻입니다.

Jason_
술 한잔하면서 문제를 토론하는 게 어때요?

Billy_
좋습니다. **시간과 장소를 말해 주세요.**

Jason_
조금 후에 알려 드릴게요.

Billy_
알았습니다. 편할 대로 하세요.

❶ **Do you want to meet me after work? ~ Yes. Name the time and place.**

일과 후 저를 만나고 싶으세요? ~ 네. 시간과 장소만 얘기해 봐요.

❷ **Can we have a drink this evening? ~ Sure. Name the time and place.**

오늘 저녁에 술 한잔 할 수 있을까요? ~ 물론이죠. 시간과 장소만 얘기해요.

❸ **How about discussing the matter over dinner? ~ Sounds good. Name the time and place.**

저녁 식사하면서 그 일에 대해 논의하는 게 어때요? ~ 좋죠. 시간과 장소만 말해요.

❹ **How about getting together after work? ~ Okay. Name the time and place.**

일과 후에 우리 뭉칠까요? ~ 알았어요. 시간과 장소만 말해 봐요.

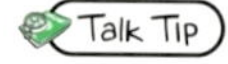 **Talk Tip**

I'll let you know a little later.는 I'll get back to you later.로 표현해도 상관없습니다.

표현난이도 ★★

I've just scratched the surface about English.

영어를 막 시작했습니다.

무엇을 막 시작했다고 겸손하게 말하는 표현법니다. 명사 surface는 '표면', 동사 scratch는 '긁다'라는 뜻이므로 직역하면 '~의 표면을 막 긁었다'가 되지만 자연스럽게 '~을 막 시작했다'라는 의미로 이해하세요.

Jason_
영어를 유창하게 구사할 수 있나요?

Billy_
아니요, **영어를 막 시작했습니다.**

Jason_
유창한 영어를 구사할 수 있다고 들었습니다.

Billy_
전혀 아닙니다. 하지만 올해는 정말 잘하고 싶어요.

❶ **I've just scratched the surface about learning Japanese, but it's very interesting.**
일본어를 막 배우기 시작했는데, 아주 재미있네요.

❷ **I've just scratched the surface of what you do.**
당신 일의 겉만 훑은 정도예요.

❸ **I've just scratched the surface about tennis. How about you?**
테니스에 막 입문 했어요. 당신은요?

❹ **I've just scratched the surface about his new marketing presentation.**
그의 새로운 마케팅 발표에 대해 아는 바가 별로 없네요.

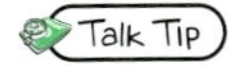 Talk Tip

knock it out of the park는 do it great 또는 hit a homerun처럼 '잘하다, 잘 해 내다'라는 뜻입니다.

표현난이도 ⭐⭐

I don't have the nerve to ask her for a date.

용기가 없어서 그녀에게 데이트 신청을 못하겠어요.

영화 〈Last Exit to Brooklyn〉에서 You have the nerve to lie here with this thing on?(너 이따위 옷을 입고 뻔뻔하게 누워 있어?)이라는 대사가 나옵니다. 여기에 나온 「don't have the nerve to + 동사」가 '~할 용기가 없다'라는 뜻입니다.

Jason_
Julie에게 데이트 신청했어요?

Billy_
아직이요. 사실, **용기가 없어서** 데이트 신청을 못하겠어요.

Jason_
농담 아니죠?

Billy_
네, 진짜예요.

❶ I don't have the nerve to **do that again.**
용기가 없어 그것을 다시 할 수가 없어요.

❷ I don't have the nerve to **lie to you.**
용기가 없어 너에게 거짓말을 못해.

❸ I don't have the nerve to **ask him out.**
용기가 없어 그에게 데이트 신청을 못하겠어요.

❹ I don't have the nerve to **speak English in front of people.**
용기가 없어 사람들 앞에서 영어로 말을 못해요.

❺ I don't have the nerve to **call her again.**
용기가 없어 그녀에게 다시는 전화를 못 걸겠어요.

 Talk Tip

nerve는 원래 '신경' 또는 '긴장' 등의 의미인데 구어로는 '뻔뻔스러움, 철면피'라는 의미로 쓰입니다.

Let's take a **Review**

081. 저는 일본어에 대해서 제대로 아는 게 하나도 없어요.
(I, Japanese, know, don't, about, from A to Z)

082. 차가 시청까지 밀려 있습니다.
(backed, City Hall, the, up, to, traffic, is)

083. 전 당신이 거짓말을 하고 있다고 믿고 있어요.
(lying, me, to, you're, I'm, the, under, that, impression)

084. 혹시 결혼하셨는지 모르겠네요.
(status, I, marital, wonder, if, tell, me, could, you, your)

085. 돈을 물 쓰듯 하는군요. (money, your, pocket, a, hole, in, burns)

086. 절대로 안 돼. (in, years, not, a, million)

087. 잠시 후에 답변 드리죠. (back, later, I'll, you, to, get)

088. 시간과 장소만 말해 봐요. (name, place, and, time, the)

089. 영어를 막 시작했습니다.
(I've, scratched, just, surface, the, English, about)

090. 용기가 없어서 그녀에게 데이트 신청을 못하겠어요.
(a, date, her, for, ask, I, don't, nerve, have, the, to)

Step 10

091 Why don't I go tell him you're here?
그에게 당신이 여기에 왔다고 말할까요?

092 I have an appointment with your boss.
당신 사장님과 약속이 있습니다.

093 I'm not finished talking to you.
아직 제 얘기가 안 끝났어요.

094 Do you mind if I say something to you?
당신에게 뭔가 얘기를 해도 괜찮을까요?

095 I can't tell you how much I enjoyed it.
정말 마음껏 즐겼습니다.

096 What's all the fuss about?
웬 난리법석이야?

097 You have to do the best with what God gave you.
신이 주신 능력으로 최선을 다해야 해.

098 Do you have a convenience store around here?
이 근처에 편의점이 있습니까?

099 If you want me to call you, please let me know.
제가 당신께 전화하길 원하면 알려 주세요.

100 There's no need to bother.
괜히 걱정할 필요 없어요.

Why don't I go tell him you're here?

그에게 당신이 여기에 왔다고 말할까요?

토익이나 영어 회화에서 「Why don't you + 동사…?」 또는 「Why don't we + 동사…?」의 패턴은 이미 자주 접해 봤을 겁니다. 여기에 나온 「Why don't I + 동사…?」는 '제가 ~하는 게 어떨까요?'라는 뜻입니다.

July_
안녕하세요, Peter. 어떻게 여기에 오셨죠?

Peter_
미스터 박을 만나러 왔습니다.

July_
제가 그에게 당신이 여기에 왔다고 말할까요?

Peter_
그럴 필요는 없습니다.

❶ **Why don't I travel alone?**
제가 혼자 여행해 보는 게 어떨까요?

❷ **Why don't I give you a hand?**
제가 당신을 도와주는 게 어떨까요?

❸ **Why don't I learn Japanese starting today?**
제가 오늘부터 일본어를 배워 보는 게 어떨까요?

❹ **Why don't I get some sleep?**
제가 잠을 좀 자는 게 어떨까요?

❺ **Why don't I tell you my secret?**
제가 당신에게 제 비밀을 말해 주는 게 어떨까요?

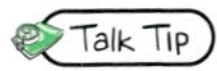
Talk Tip

영어로 Why did you come here?라고 묻는 것 보다는 What brought you here?라고 하는 것이 더 세련된 표현입니다.

표현난이도 ★ ★

I have an appointment with your boss.

당신 사장님과 약속이 있습니다.

'~와/과 약속이 있다'를 영어로 어떻게 말할까요? 「I have an appointment with + 사람」으로 표현하면 됩니다.

Secretary_
무엇을 도와 드릴까요?

Bob_
당신 사장님과 약속이 있습니다.

Secretary_
잠시 자리를 비우셨습니다. 돌아오실 때까지 기다리시겠습니까?

Bob_
물론, 좋습니다.

❶ **I have an appointment with** my new manager at 3 o'clock.
3시에 새로 온 매니저와 약속이 있어요.

❷ **I have an appointment with** my coworker after work.
일과 후에 동료와 약속이 있습니다.

❸ **I have an appointment with** your vice president at noon.
정오에 당신 부사장님과 약속이 있습니다.

❹ **I have an appointment with** Tony at this restaurant.
이 식당에서 Tony와 약속이 있습니다.

❺ **I have an appointment with** Mr. Watanabe, a new engineer.
새로 온 엔지니어, 와타나베 씨와 약속이 있습니다.

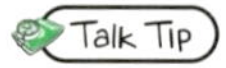
Talk Tip

'잠시 자리를 비우다'를 영어로 표현하면 step out for a moment라고 합니다.

I'm not finished talking to you.

아직 제 얘기가 안 끝났어요.

자신은 할 말을 다 하지 못했는데 대화가 끝났을 경우에 사용할 수 있는 영어 표현입니다. '아직 얘기 다 안 끝났습니다.'라는 의미인데 무언가 하던 일이 끝나지 않았음을 표현하고 싶을 때 「I'm not finished + -ing」를 활용하면 됩니다.

Jason_
제 말을 듣고 있나요?

Billy_
듣고 있어요. 다른 할 말이 있어요?

Jason_
사실, **아직 제 얘기가 안 끝났어요.**

Billy_
알았어요. 계속 해 봐요.

❶ I'm not finished tak**ing** a shower.
샤워가 아직 안 끝났어요.

❷ I'm not finished tak**ing** a walk.
산책이 아직 안 끝났어요.

❸ I'm not finished hav**ing** dinner.
저녁 식사가 아직 안 끝났어요.

❹ I'm not finished hav**ing** a phone conversation.
전화 통화가 아직 안 끝났어요.

❺ I'm not finished exercis**ing**.
운동이 아직 안 끝났어요.

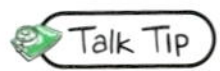 Talk Tip

영어로 Are you listening to me?라고 하면 '제 말을 듣고 있어요?'라는 뜻입니다. 듣고 있다면 대답은 I'm listening.이라고 합니다.

 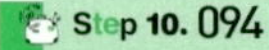

표현난이도 ★ ★

Do you mind if I say something to you?

당신에게 뭔가 얘기를 해도 괜찮을까요?

토익 시험이나 영화 속에서 자주 등장하는 영어 패턴으로 「Do you mind if I + 동사…는 '제가 ~해도 괜찮나요?'라는 뜻입니다. 그러므로 Do you mind if I say something to you?라고 하면 '당신에게 뭔가 얘기를 해도 괜찮을까요?'라는 의미가 됩니다.

Jason_
실례합니다만, **당신에게 뭔가 얘기를 해도 괜찮을까요?**

Billy_
물론이죠. 말씀해 보세요.

Jason_
당신은 오늘부터 담배를 끊어야 할 것 같아요.

Billy_
정 그렇다면요.

❶ **Do you mind if I say something to your younger brother?**
당신 남동생에게 뭔가 얘기를 해도 괜찮을까요?

❷ **Do you mind if I say something to your husband about your school life?**
당신 남편에게 당신 학교 생활에 대해 뭔가 얘기를 해도 괜찮을까요?

❸ **Do you mind if I say something to him before he leaves?**
그가 떠나기 전에 그에게 뭔가 얘기를 해도 괜찮을까요?

❹ **Do you mind if I say something to your secretary about this document?**
당신의 비서에게 이 서류에 대해 뭔가 얘기를 해도 괜찮을까요?

❺ **Do you mind if I say something to you after work?**
일 끝나고 당신에게 뭔가 얘기를 해도 괜찮을까요?

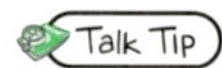
Talk Tip

as of today는 '오늘부터'라는 뜻입니다.

표현난이도 ★ ★

I can't tell you how much I enjoyed it.

정말 마음껏 즐겼습니다.

직역하면 '얼마나 많이 즐겼는지 말할 수가 없다.'가 되지만 의역하면 '말할 수 없을 만큼 즐거 웠다.' 즉 '정말 마음껏 즐겼습니다.'라는 의미입니다. 참고로, I can't thank you enough.라 고 하면 '정말 고맙습니다.'라는 뜻이라는 것도 같이 알아 두세요.

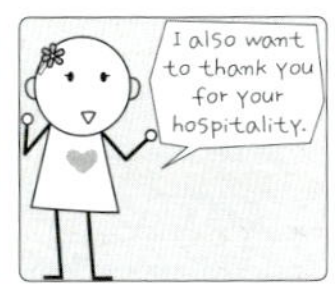

Billy_
Jenny, 어젯밤 제 생일 파티가 어땠어요?

Jenny_
솔직히 **정말 마음껏 즐겼어요.**

Billy_
아주 즐거웠다니 다행입니다.

Jenny_
당신 환대에 역시 감사드리고 싶어요.

❶ **I can't tell you how much I enjoyed** your birthday party.
당신 생일 파티를 마음껏 즐겼습니다.

❷ **I can't tell you how much I enjoyed** meeting you this morning.
오늘 아침 당신을 만나게 되어서 정말 기뻤습니다.

❸ **I can't tell you how much I enjoyed** watching this movie.
이 영화를 정말 재미있게 보았습니다.

❹ **I can't tell you how much I enjoyed** being with you.
당신과 함께 있어서 정말 기뻤습니다.

❺ **I can't tell you how much I enjoyed** spending time with you.
당신과 시간을 보낼 수 있어서 정말 기뻤습니다.

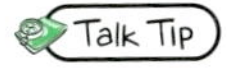
Talk Tip

상대방의 호의에 감사하고 싶을 때 I want to thank you for your hospitality.라고 표현해 보세요.

표현난이도 ｜ ★ ★

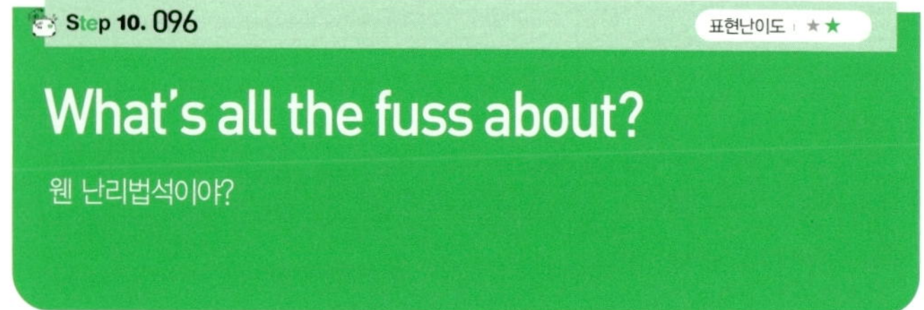

What's all the fuss about?

웬 난리법석이야?

명사 fuss에는 '혼란, 혼동'이라는 뜻이 있어서 What's all the fuss about?이라고 하면 '웬 난리법석이야?' 또는 '웬 소란이야?'라는 의미입니다.

Daughter_
도와줘요. 아빠. 여기로 와 보세요.

Father_
웬 난리법석이니?

Daughter_
제 방에 큰 거미가 있어요. 정말 싫어요.

Father_
겨우 작은 거미 때문에 이 소란을 떨 필요는 없잖아.

❶ **What's the story about?**
그 이야기는 무슨 내용입니까?

❷ **What's this movie about?**
이 영화는 무엇에 관한 겁니까?

❸ **What's his English novel about?**
그의 영어 소설책은 무엇에 관한 겁니까?

❹ **What's this book about?**
이 책은 무엇에 관한 겁니까?

❺ **What's this program about?**
이 프로그램은 무엇에 관한 겁니까?

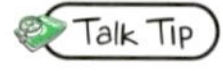

Talk Tip

'(〜에 대해) 소란을 피우다'를 영어로 표현하면 make a fuss (about)입니다.

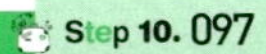

표현난이도 : ★ ★

You have to do the best with what God gave you.

신이 주신 능력으로 최선을 다해야 해.

영화 〈Forrest Gump〉에서 병석에 누워 계시는 어머니께서 Forrest(Tom Hanks)에게 You have to do the best with what God gave you.라고 얘기하는 장면이 나옵니다. '최선을 다하다'라는 의미의 do the best는 꼭 익혀 두세요.

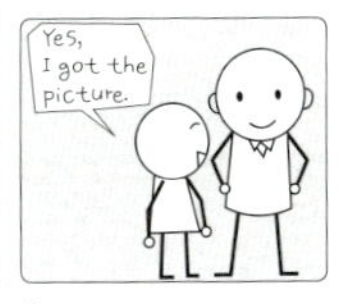

Father_
아들아, **신이 주신 능력으로 최선을 다해야 해.**

Son_
제 운명은 어떤 걸까요? 아빠!

Father_
스스로 깨달아야 해. 무슨 뜻인지 알겠지?

Son_
네, 이해했어요.

❶ **You have to** do the best with what you have.
자신의 능력으로 최선을 다해야 합니다.

❷ **You have to** do your utmost.
최선을 다해야 합니다.

❸ **You have to** clean your room immediately.
즉시 방 청소를 해야 합니다.

❹ **You have to** watch what you eat.
식이요법을 해야 합니다.

❺ **You have to** lose weight.
살 좀 빼야 합니다.

Talk Tip

I got the picture.는 특히 다른 사람의 설명을 듣고 상황을 이해했을 때 쓰는 표현으로, 여기서 picture 는 '돌아가는 상황'을 뜻합니다.

Do you have a convenience store around here?

이 근처에 편의점이 있습니까?

'편의점'을 영어로 하면 convenience store이고 '~이 근처에 있습니까?'라는 표현은 Is there a ... around here? 또는 Do you have a ... around here?라고 합니다. 여기서 Do you have...는 '~가 있나요?'라고 이해하면 됩니다.

Jason_
실례지만, **이 근처에 편의점이 있습니까?**

Billy_
물론이죠. 여기서부터 걸어갈 수 있는 위치에 있어요.

Jason_
반가운 소리군요.

Billy_
사실, 제가 그곳에 가는 중입니다.

❶ **Do you have** a Chinese restaurant around here?
중국 식당이 근처에 있나요?

❷ **Do you have** a post office around here?
우체국이 근처에 있습니까?

❸ **Do you have** a vending machine around here?
자판기가 근처에 있나요?

❹ **Do you have** a bookstore around your house?
서점이 당신 집 근처에 있습니까?

❺ **Do you have** a printer I can use around here?
내가 이 근처에서 사용할 수 있는 프린터가 있나요?

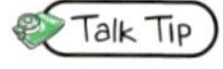 Talk Tip

'그곳에 가는 중입니다.'는 영어로 I'm on my way there.라고 하면 됩니다.

If you want me to call you, please let me know.

제가 당신께 전화하길 원하면 알려 주세요.

기본적인 패턴만 이해한 후 문장을 응용해서 활용해 보면 영어 회화가 쉽게 다가올 겁니다. 영어로 「If you want me to + 동사, please let me know.」라고 하면 '제가 ~하길 원하면 알려 주세요'라는 뜻이 됩니다.

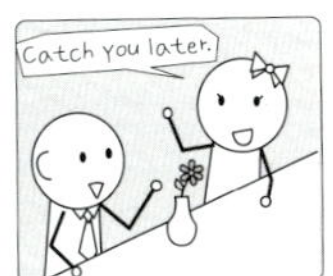

Jason_
제 전화번호를 가지고 있나요?

Sara_
네. 제가 당신께 전화하길 원하면 알려 주세요.

Jason_
알았어요. 아무튼, 지금 가야 해요. 얘기 잘 나누었습니다.

Sara_
나중에 봐요.

❶ If you want me to **give you a hand,** please let me know.
제가 당신을 돕기를 원하면 알려 줘요.

❷ If you want me to **go,** please let me know.
제가 가길 원하면 알려 줘요.

❸ If you want me to **help you,** please let me know.
제가 당신을 돕기를 원하면 알려 주세요.

❹ If you want me to **stay here,** please let me know.
제가 여기에 머물기를 원하면 알려 줘요.

❺ If you want me to **fix your computer for free,** please let me know.
제가 무료로 당신 컴퓨터를 고치길 원한다면 알려 줘요.

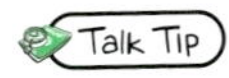 Talk Tip

작별 인사로 Catch you later.라고 하면 '나중에 봐요, 다음에 봐요.'라는 뜻입니다.

There's no need to bother.

괜히 걱정할 필요 없어요.

상대방이 You don't need to bother.라고 말하면 '걱정 마세요.' 또는 '괜히 걱정하실 필요는 없습니다.'라는 뜻입니다. 짧게 말하면 Don't bother.입니다.

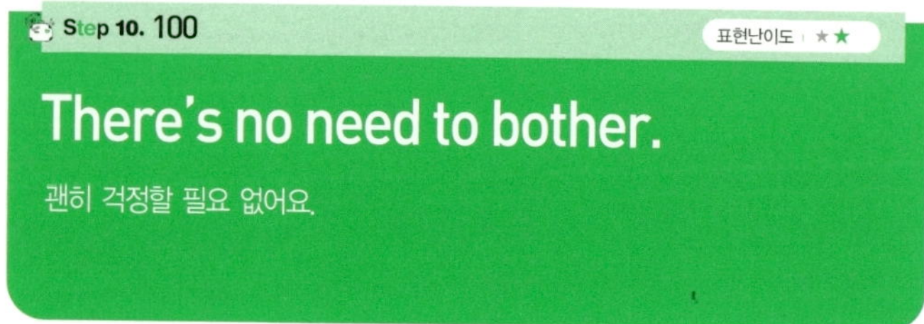

Jason_
제가 가방 좀 들어 드릴까요?

Billy_
신경쓰실 거 없어요.

Jason_
무슨 말씀이시죠?

혼자서 할 수 있습니다.

❶ **There's no need to worry about.**
걱정할 필요 없어요.

❷ **There's no need to hurry.**
서두를 필요 없어요.

❸ **There's no need to do the same thing.**
같은 일을 할 필요 없어요.

❹ **There's no need to carry an umbrella.**
우산을 가지고 다닐 필요는 없어요.

❺ **There's no need to come over to my house.**
우리 집에 들를 필요 없어요.

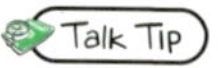 Talk Tip

I beg your pardon은 끝을 내리면 '죄송해요', 끝을 올리면 '다시 말씀해 주시겠어요?'라는 의미가 되므로 억양에 신경 써서 말하도록 하세요.

Let's take a **Review**

091. 제가 그에게 당신이 여기에 왔다고 말하는 게 어떨까요?

(him, why, I, here, go, don't, you're, tell)

____?

092. 당신 사장님과 약속이 있습니다.

(boss, your, appointment, I, an, have, with)

____.

093. 아직 제 얘기가 안 끝났어요. (finished, I'm, talking, not, you, to)

____.

094. 당신에게 뭔가 얘기를 해도 괜찮나요?

(do, to, you, mind, if, say, I, something, you)

____?

095. 정말 마음껏 즐겼습니다. (I, enjoyed, how, it, much, can't, you, tell, I)

____.

096. 웬 난리법석이야? (fuss, what's, about, the, all)

____?

097. 신이 주신 능력으로 최선을 다해야 해.

(you, gave, you, God, with, what, have to, the, best, do)

____.

098. 이 근처에 편의점이 있습니까?

(here, store, do, have, you, a, convenience, around)

____?

099. 제가 당신께 전화하길 원하면 알려 주세요.

(let, know, me, if, call, you, please, me, to, want, you)

____.

100. 괜히 걱정할 필요 없어요. (there's, bother, no, to, need)

____.

Step 11

101 You don't look like yourself.
안색이 안 좋아 보여요.

102 My plan went up in smoke.
제 계획이 무산되었습니다.

103 The first thing I have to do is purchase airplane tickets in advance.
우선 해야 할 일은 항공 표들을 미리 구입하는 겁니다.

104 The last thing I want to do is lie to you.
절대로 당신에게 거짓말을 하고 싶지 않습니다.

105 My wife and I bring home the bacon.
아내와 저는 맞벌이 부부입니다.

106 Would you please let me use your car?
차 좀 사용할 수 있게 해 주시겠습니까?

107 I'm looking forward to working with you.
잘 부탁드리겠습니다.

108 I got the biggest kick out of it.
정말 재미있었어요.

109 I got ants in my pants before a job interview.
면접을 보기 전에 초조했어요.

110 You never let me know about your family.
당신 가족에 대해 결코 얘기하지 않는군요.

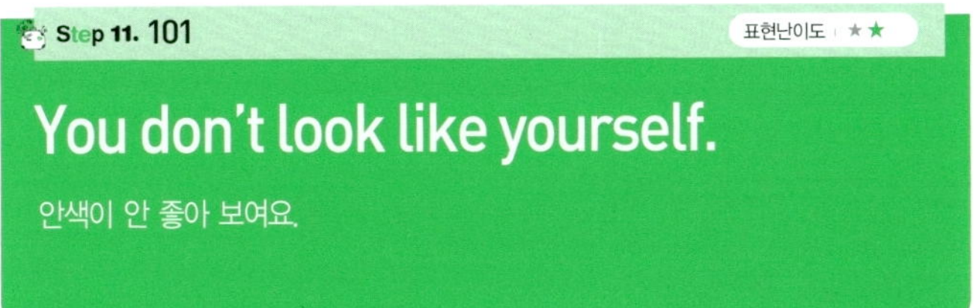

You don't look like yourself.

안색이 안 좋아 보여요.

I don't feel myself.라고 하면 '어째 오늘은 기분이 안 좋네요.'라는 뜻입니다. 평소와는 달리 얼굴 안색이 안 좋은 동료나 친구를 본다면 You look strange today.라고 해도 좋지만 You don't look like yourself today.라고 하면 상대방에게 더욱 세련되게 들립니다.

Jason_
오늘 안색이 안 좋아 보여요.

Billy_
무슨 말씀이시죠?

Jason_
제 말은, 오늘따라 이상하게 보여서요.

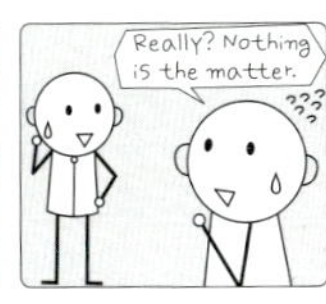

Billy_
정말이요? 아무 문제 없습니다.

❶ **Rachael** doesn't look like herself.
Rachael이 안색이 안 좋아요.

❷ **My boss** doesn't look like herself.
나의 상사가 안색이 안 좋아요.

❸ **Your youger brother** doesn't look like himself.
네 남동생은 안색이 안 좋아 보인다.

❹ **He** doesn't look like himself today.
그는 오늘 안색이 안 좋네요.

❺ **My English teacher** doesn't look like himself.
나의 영어 선생님이 안색이 좋아 보이지 않습니다.

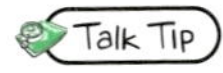 Talk Tip

'아무 문제 없어요.'는 영어로 Nothing is the matter.라고 하면 됩니다.

표현난이도 : ★ ★

My plan went up in smoke.

제 계획이 무산되었습니다.

오랫동안 진행했던 계획이나 일이 하루아침에 잘못되는 경우가 있는데 이럴 때 go up in smoke(연기 속에 사라지다)나 end in smoke(헛되이 끝나다, 수포로 돌아가다)를 써서 표현해 볼 수 있습니다.

Jason_
당신의 새 계획이 어떻게 진행되고 있나요?

Billy_
사실, 제 계획이 무산되었습니다.

Jason_
정말 안됐군요.

Billy_
괜찮습니다.

❶ **My new plan** went up in smoke.
제 새로운 계획이 무산되었습니다.

❷ **My plan to travel around the world** went up in smoke.
세계 여행을 하려던 나의 계획이 무산되었습니다.

❸ **Our company's plan** went up in smoke.
우리 회사의 계획이 무산되었습니다.

❹ **Her plan** went up in smoke **a few weeks ago.**
그녀의 계획이 몇 주 전에 무산되었습니다.

❺ **Their plan to buy a house** went up in smoke.
집을 사려던 그들의 계획이 무산되었습니다.

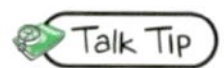
Talk Tip

상대방에게 '~은/는 어떻게 진행되고 있나요?'라고 묻고 싶다면 How is your ... going on?이라고 말해 보세요.

The first thing I have to do is purchase airplane tickets in advance.

우선 해야 할 일은 항공권들을 미리 구입하는 겁니다.

이 표현을 그대로 직역하면 '제가 해야 할 첫 번째 일은 항공권들을 미리 구입하는 겁니다.'라는 뜻이 되지만, '제가 우선 해야 할 일은 ~입니다.'라고 의역하면 더 자연스럽습니다.

Jason_
주말 계획이 어떻게 되죠?

Billy_
제주도에서 가족과 함께 시간을 보낼 계획입니다. 당신은요?

Jason_
아직 특별한 계획이 없어요.

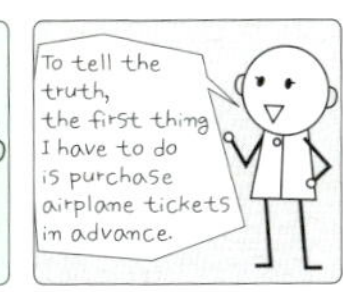

Billy_
사실, **우선 해야 할 일은** 미리 **항공권들을 구입하는 겁니다.**

❶ The first thing I have to do is **make a reservation.**
제가 우선 해야 할 일은 예약하는 겁니다.

❷ The first thing I have to do is **wash my face.**
제가 우선 해야 할 일은 세수하는 겁니다.

❸ The first thing I have to do is **make a decision.**
제가 우선 해야 할 일은 결정을 하는 겁니다.

❹ The first thing I have to do is **return your book to you.**
제가 우선 해야 할 일은 당신 책을 돌려주는 겁니다.

❺ The first thing I have to do is **clean the room.**
제가 우선 해야 할 일은 방을 청소하는 겁니다.

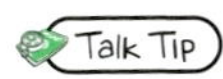 **Talk Tip**

in advance는 '미리, 앞서, 사전에'라는 의미입니다.

The last thing I want to do is lie to you.

절대로 당신에게 거짓말을 하고 싶지 않습니다.

직역하면 '제가 하길 원하는 마지막 일은 당신에게 거짓말을 하는 겁니다.'지만, '절대로 거짓말을 하고 싶지 않다'는 강한 의지를 나타내는 표현입니다. 영어 회화에서 자주 사용되는 패턴으로 「The last thing I want to do is + 동사」를 암기하여 활용해 보세요.

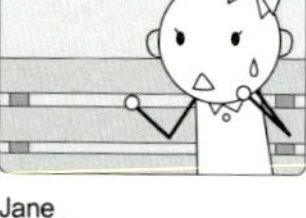

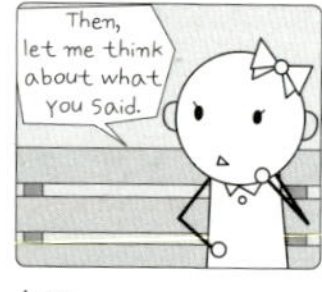

Jason_
Jane, 당신을 정말 사랑합니다. 당신에게 반했어요.

Jane_
농담이죠?

Jason_
농담이 아니에요. 사실, **절대로 당신에게 거짓말은 하고 싶지 않아요.**

Jane_
그러면, 당신이 말한 것을 생각해 보죠.

❶ **The last thing I want to do is upset you.**
당신을 절대로 언짢게 하고 싶지 않아요.

❷ **The last thing I want to do is marry her.**
절대로 그녀와 결혼하고 싶지 않아요.

❸ **The last thing I want to do is borrow some money from you.**
절대로 당신에게 돈은 빌리고 싶지 않아요.

❹ **The last thing I want to do is be friends with you.**
절대로 당신과 친구가 되고 싶지 않아요.

❺ **The last thing I want to do is ask you for some help.**
절대로 당신에게 도움을 요청하고 싶지 않아요.

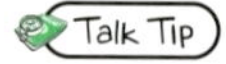 Talk Tip

I have a crush on you.는 '당신에게 반했어요.'라는 뜻입니다.

표현난이도 ★ ★

My wife and I bring home the bacon.

아내와 저는 맞벌이 부부입니다.

bring home the bacon은 '집에 베이컨을 가지고 오다'라는 뜻이므로 '가족의 생계비를 벌어 오다'라는 의미를 내포하고 있습니다. 그래서 '아내와 내가 생계를 책임지고 있다'라는 것은 곧 맞벌이 부부라는 의미가 되는 것이죠.

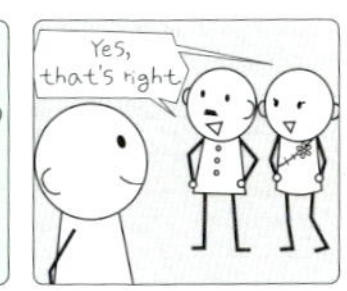

Jason_
누가 생활비를 법니까?

Mr. Kim_
사실 아내와 저는 맞벌이 부부입니다.

Jason_
정말인가요?

Mr. and Mrs. Kim_
네, 맞습니다.

❶ I bring home the bacon.
제가 집의 가장입니다.

❷ Susan and Bob both bring home the bacon.
Susan과 Bob은 맞벌이 부부예요.

❸ My father brings home the bacon.
제 아버지께서 생계를 책임지세요.

❹ My wife brings home the bacon.
제 아내가 집의 생계를 책임집니다.

❺ What does it matter who brings home the bacon?
누가 가장이 된들 뭐가 그리 중요한가요?

Talk Tip

'누가 생계비를 책임지고 있습니까?'라고 물을 경우에는 Who brings home the bacon?이라고 합니다.

Would you please let me use your car?

차 좀 사용할 수 있게 해 주시겠습니까?

영어도 우리말처럼 공손한 표현이 많이 있습니다. 그중에서 「Would you please let me + 동사…」 표현은 「let me + 동사」 보다 앞에 Would you please를 붙여서 훨씬 더 공손하게 들리도록 합니다.

Jason_
부탁 좀 들어주시겠습니까?

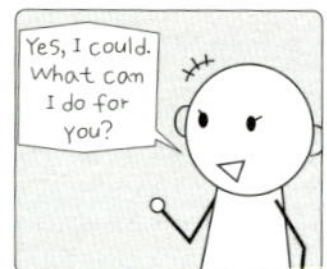

Billy_
네. 무엇을 도와 드릴까요?

Jason_
차 좀 사용할 수 있게 해 주시 겠습니까?

Billy_
물론이죠, 차 열쇠 여기 있습니다.

❶ **Would you please let me** use your computer?

제가 컴퓨터를 사용할 수 있게 해 주시겠어요?

❷ **Would you please let me** fix you a drink?

제가 음료 한잔 준비하도록 해 주시겠습니까?

❸ **Would you please let me** wash the dishes?

제가 설거지를 하도록 해 주시겠습니까?

❹ **Would you please let me** get some fresh air?

제가 바람 좀 쐬게 해 주시겠습니까?

❺ **Would you please let me** be alone?

제가 혼자 있도록 해 주시겠어요?

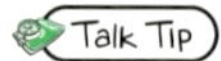 Talk Tip

'부탁을 들어주시겠어요?'를 영어로 표현하면 Could you do me a favor?라고 합니다.

I'm looking forward to working with you.

잘 부탁드리겠습니다.

처음 출근해서 다른 직원들과 인사를 나눌 때 '잘 부탁합니다, 잘 봐 주세요.'라고 하는데 이때 쓸 수 있는 영어 표현입니다. 직역하면 '저는 당신과 함께 일하기를 학수고대하고 있습니다.'지만 '앞으로 잘 부탁드리겠습니다.'라는 뜻입니다.

Bob_
안녕하세요, 여러분. 제 소개를 하겠습니다. 저는 Mike Lee고 신입 사원입니다.

Coworker 1_
만나서 반갑습니다.

Bob_
저 역시 만나서 반갑습니다. 잘 부탁드리겠습니다.

Coworker 2_
함께 일하게 되어 기쁩니다.

❶ I'm looking forward to **apply**ing for this job.
저는 이 일에 지원할 수 있기를 학수고대하고 있습니다.

❷ I'm looking forward to **go**ing to New York.
저는 뉴욕에 가길 학수고대합니다.

❸ I'm looking forward to **meet**ing you again.
저는 당신을 다시 만나기를 학수고대합니다.

❹ I'm looking forward to **gett**ing a job.
저는 일을 구하기를 학수고대합니다.

❺ I'm looking forward to **hav**ing dinner with you.
저는 당신과 저녁을 같이 하길 학수고대합니다.

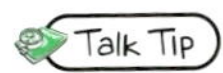 Talk Tip

처음 누군가를 만나서 반가울 때 nice to meet you.라고 간단하게 영어로 말해 보세요.

표현난이도 ★ ★

I got the biggest kick out of it.

정말 재미있었어요.

'정말 재미있는 시간이었습니다, 흥미로운 시간을 보냈습니다.'에 해당하는 영어 표현 중에 I got the biggest kick out of it.이 있습니다. kick에는 '발길질'이라는 뜻 외에도 '재미, 흥미'라는 뜻이 있어서 the biggest kick은 '아주 흥미로운 시간, 최고의 시간'이라는 뜻입니다.

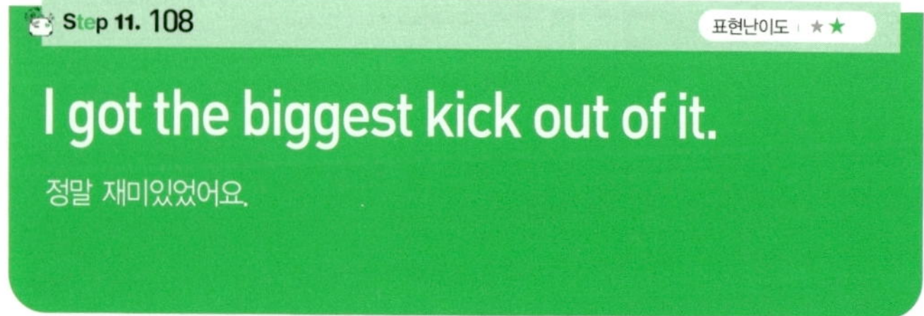

Jason_
오랜만입니다. 일본에서 언제 돌아오셨나요?

Billy_
며칠 전에요.

Jason_
도쿄 여행은 어땠습니까?

Billy_
정말 재미있었어요.

❶ **I got the biggest kick out of** this baseball game.
이 야구 경기는 정말 재미있었어요.

❷ **I got the biggest kick out of** this concert.
이 콘서트는 정말 재미있었습니다.

❸ **I got the biggest kick out of** traveling abroad.
해외여행 하면서 정말 재미있는 시간을 보냈어요.

❹ **I got the biggest kick out of** having a chat with my best friend.
가장 친한 친구와 수다 떨면서 정말 즐거운 시간을 보냈어요.

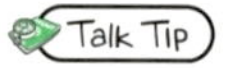
Talk Tip

「How was your + 명사?」라고 하면 '~은/는 어땠습니까?'라는 뜻으로 자주 쓰는 패턴입니다.

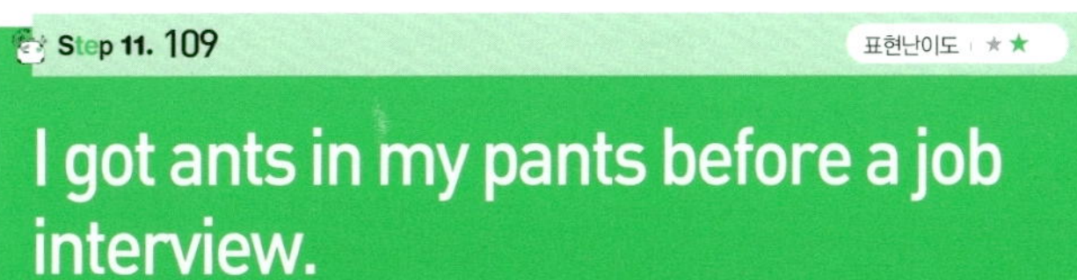

I got ants in my pants before a job interview.

면접을 보기 전에 초조했어요.

have (got) ants in one's pants는 '초조하다, 불안하다, 안절부절못하다'라는 표현입니다. '바지 속에 개미가 들어갔다'라는 뜻인데 당연히 몸이 불편할 수밖에 없겠죠. 비슷한 표현으로 I have my heart in my mouth. 또는 I've got butterflies in my stomach.이 있습니다.

Jason_
오늘 아침에 면접은 어땠습니까?

Billy_
너무 힘들었어요.

Jason_
무슨 문제라도 있었나요?

Billy_
사실, **면접을 보기 전에 초조했어요.**

❶ **I got ants in my pants** before a test this morning.

오늘 아침 시험을 보기 전에 초조했습니다.

❷ **I got ants in my pants** when I went on stage yesterday.

어제 무대에 올라갔을 때 긴장되었습니다.

❸ **I got ants in my pants** when I had to speak in front of people.

사람들 앞에서 말해야 했을 때 긴장되었습니다.

❹ **I got ants in my pants** when I proposed to Kate.

Kate에게 청혼을 했을 때 떨렸습니다.

❺ **I got ants in my pants** before an English exam.

영어 시험을 보기 전에 긴장되었습니다.

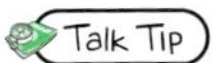 Talk Tip

상대방이 평소와 달리 행동하거나 안색이 좋아 보이지 않을 때 What's wrong?(왜 그래요?)이라고 말을 건네 보세요.

You never let me know about your family.

당신 가족에 대해 결코 얘기하지 않는군요.

영어로 You never let me know...라고 하면 '당신은 절대로 ~를/을 얘기하지 않는군요.'라는 의미입니다. 특히, 「let+목적어+동사」의 패턴은 let me go, let me help와 같이 쓰는 패턴으로 '내가 ~하게 두라'는 의미입니다.

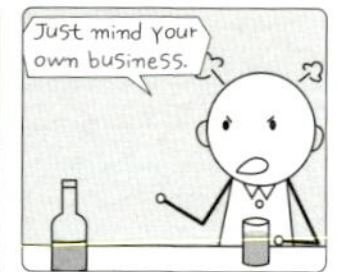

Jason_
왜 남동생이 아직도 결혼 안 했어요?

Billy_
그건 비밀이에요.

Jason_
가족에 대해 결코 얘기하지 않는군요.

Billy_
당신 일이나 신경 써요.

❶ **You never let me know what's happening.**
무슨 일이 있는지 결코 당신은 얘기하지 않는군요.

❷ **You never let me know how she is doing.**
그녀가 어떻게 지내고 있는지 결코 당신은 얘기하지 않는군요.

❸ **You never let me know why she hated me.**
왜 그녀가 날 증오했는지 결코 당신은 얘기하지 않는군요.

❹ **You never let me know when it will start.**
언제 시작하는지 결코 당신은 얘기하지 않는군요.

❺ **You never let me know how to fix this computer.**
이 컴퓨터를 어떻게 고치는지 결코 당신은 얘기하지 않는군요.

 Talk Tip

공개하기 곤란할 때 It's confidential.(비밀이에요.)이라고 하면 됩니다.

Let's take a **Review**

101. 안색이 안 좋아 보여요. (yourself, look, you, don't, like)

____ .

102. 제 계획이 무산되었습니다. (smoke, up, in, my, plan, went)

____ .

103. 우선 해야 할 일은 미리 항공권들을 구입하는 겁니다.
(advance, airplane, purchase, the, do, first, in, tickets, is, I, thing, have to)

____ .

104. 절대로 당신에게 거짓말을 하고 싶지 않습니다.
(the, thing, you, lie, last, to, is, I, do, want, to)

____ .

105. 아내와 저는 맞벌이 부부입니다.
(and, my, home, wife, the, I, bacon, bring)

____ .

106. 차 좀 사용할 수 있게 해 주시겠습니까?
(would, you, car, use, please, me, let, your)

____ ?

107. 잘 부탁드리겠습니다. (with, you, working, forward, I'm, looking, to)

____ .

108. 정말 재미있었어요. (it, out of, I, got, kick, the, biggest)

____ .

109. 면접을 보기 전에 초조했어요.
(I, a, job interview, before, in, my, got, ants, pants)

____ .

110. 당신 가족에 대해 결코 얘기하지 않는군요.
(your, know, about, you, me, let, never, family)

____ .

Step 12

111   I know him by his first name.
저는 그와 아주 친합니다.

112   I have my heart set on seeing her.
그녀가 무척 보고 싶군요.

113   I'm not easy to get along with.
저는 사람들과 쉽게 어울리지 못해요.

114   I don't think I have the talent for cooking.
저는 요리에 소질이 있다고 생각하지 않습니다.

115   I just can't stand Max.
맥스와는 못 사귀겠어요.

116   How long has it been since you went to Busan?
얼마 만에 부산에 가는 겁니까?

117   He's an over the hill singer.
그는 한물간 가수입니다.

118   Can you be more specific about your family?
가족에 대해서 좀 더 자세히 말해 줄래요?

119   How long will it be before the next bus arrives?
다음 버스가 도착하려면 얼마나 더 있어야 되죠?

120   I'm having a ball.
정말 재미있습니다.

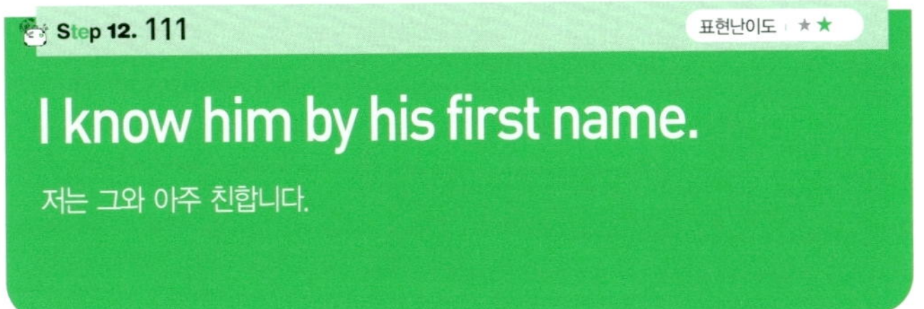

I know him by his first name.

저는 그와 아주 친합니다.

우리는 친한 사이에 성(last name)을 빼고 이름(first name)만 부르죠. 영어에도 그런 표현이 있습니다. '~와 굉장히 친하다'고 할 때 know him/her by his/her first name이라고 합니다.

Jason_
Charlie가 누군지 아시나요?

Billy_
네, 압니다. 엔지니어이고 뉴욕 출신이잖아요.

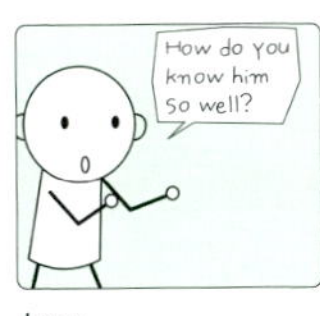

Jason_
어떻게 그를 잘 아시죠?

Billy_
그와 친해요.

❶ I know **Mike working as an engineer** by his first name.
저는 엔지니어로 근무하는 Mike와 아주 친해요.

❷ I know **Tony who is my coworker** by his first name.
저는 동료인 Tony와 아주 친합니다.

❸ I know **Richard in the sales department** by his first name.
저는 영업부에 있는 Richard와 아주 친한 사이에요.

❹ I know **Cindy who teaches me English** by her first name.
저는 영어를 가르쳐 주는 Cindy와 아주 친한 사이에요.

❺ I know **Paul from New York** by his first name.
저는 뉴욕에서 온 Paul과 아주 친해요.

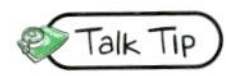
Talk Tip

How do you know him/her so well?은 '어떻게 그/그녀를 잘 아시죠?'라는 표현입니다.

표현난이도 : ★ ★

I have my heart set on seeing her.

그녀가 무척 보고 싶군요.

팝송 중에 Got my mind set on you라는 노래가 있는데 제목 자체로도 정말 멋있는 표현입니다. '나의 마음을 너에게 고정시켰다' 즉, '당신을 정말 잊을 수 없다'라는 뜻입니다. 「I have my heart set on + 명사/동명사(저는 꼭 ~하고 싶습니다)」 패턴을 잘 활용해 보세요.

Jason_
여자 친구 어디 있나요?

Paul_
2주 전에 일본에 갔는데 아직 돌아오지 않았어요.

Jason_
정말 그리운가요?

Paul_
물론이죠. **그녀가 무척 보고 싶군요.**

❶ I have my heart set on **see**ing David again.
David가 무척 다시 보고 싶군요.

❷ I have my heart set on **travel**ing alone.
저는 꼭 혼자 여행하고 싶어요.

❸ I have my heart set on **los**ing weight.
살을 무척 빼고 싶어요.

❹ I have my heart set on **watch**ing this movie tonight.
오늘밤 이 영화를 무척 보고 싶습니다.

❺ I have my heart set on **play**ing computer games now.
지금 컴퓨터 게임을 무척 하고 싶어요.

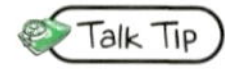 Talk Tip

동사 miss는 '놓치다'라는 뜻으로 사용되지만 때에 따라서는 '그리워하다'라는 의미로도 쓰입니다.

표현난이도 ★ ★

I'm not easy to get along with.

저는 사람들과 쉽게 어울리지 못해요.

「easy to + 동사」는 '~하기 쉽다'라는 의미지만 반대로 「not easy to + 동사」라고 하면 '~ 하기 쉽지 않다'가 되므로 I'm not easy to get along with.는 '저는 함께 어울리기에는 쉽지 않아요.'라는 의미입니다. 의역해서 '저는 사람들과 쉽게 어울리지는 못합니다.'로 이해하세요.

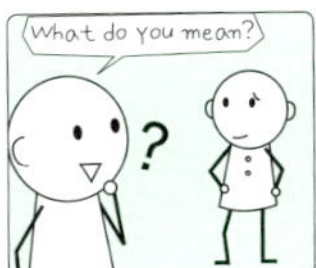

Jason_
당신은 외향적인 사람인가요?

Billy_
아닙니다. 저는 내성적인 사람입니다.

Jason_
무슨 뜻이죠?

Billy_
제 말은, 저는 조용한 사람이라고요. 그리고 **저는 사람들과 쉽게 어울리지 못해요.**

❶ **I don't think that Cindy is easy to get along with.**
Cindy가 사람들과 쉽게 어울리지는 못하는 거 같아요.

❷ **My wife is not easy to get along with.**
제 아내는 사람들과 쉽게 어울리지 못합니다.

❸ **David who is working as a plumber is not easy to get along with.**
배관공으로 일하는 David는 사람들과 쉽게 어울리지 못해요.

❹ **Charlie who is my manager is not easy to get along with.**
제 매니저인 Charlie는 사람들과 쉽게 어울리지 못합니다.

❺ **The person wearing a black suit is not easy to get along with.**
검은 정장을 입고 있는 사람은 주위 사람들과 쉽게 어울리지 못해요.

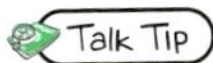 **Talk Tip**

영어로 extroverted는 '외향적인'이라는 뜻이며 introverted는 '내성적인'이라는 뜻입니다.

I don't think I have the talent for cooking.

저는 요리에 소질이 있다고 생각하지 않습니다.

' ~에 소질이 있다'를 영어로 표현하면 have the talent for...라고 합니다. 따라서, I have the talent for cooking.은 I'm good at cooking.처럼 '저는 요리에 소질이 있습니다.'라는 뜻입니다.

Jason_
요리를 잘하시나요?

Miki_
아니요. **요리에 소질이 있는 것 같진 않아요.** 당신은요?

Jason_
사실, 저는 요리에 자신이 있습니다.

Miki_
정말인가요? 당신이 무척 부럽군요.

❶ **I don't think I have the talent for singing.**
저는 노래에 소질이 있다고 생각하지 않습니다.

❷ **I don't think I have the talent for public speaking.**
저는 대중 연설에 소질이 있다고 생각하지 않습니다.

❸ **I don't think I have the talent for writing a novel.**
저는 소설 쓰는 데 소질이 있다고 생각하지 않습니다.

❹ **I don't think I have the talent for dancing.**
저는 춤에 소질이 있다고 생각하지 않습니다.

❺ **I don't think I have the talent for playing golf.**
저는 골프에 소질이 있다고 생각하지 않습니다.

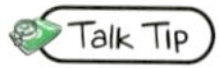
Talk Tip

I'm good at...이라고 하면 '저는 ~을/를 잘합니다'라는 뜻입니다.

I just can't stand Max.

Max와는 못 사귀겠어요.

동사 stand에는 '참다, 견디다'라는 뜻이 있습니다. 그래서 I just can't stand Max.라고 하면 '맥스는 정말 꼴불견이다, 맥스는 정말 꼴보기 싫다, 견딜 수 없다.'라는 의미가 됩니다. 무언가를 참기 힘든 상황에 다양하게 사용할 수 있는 표현입니다.

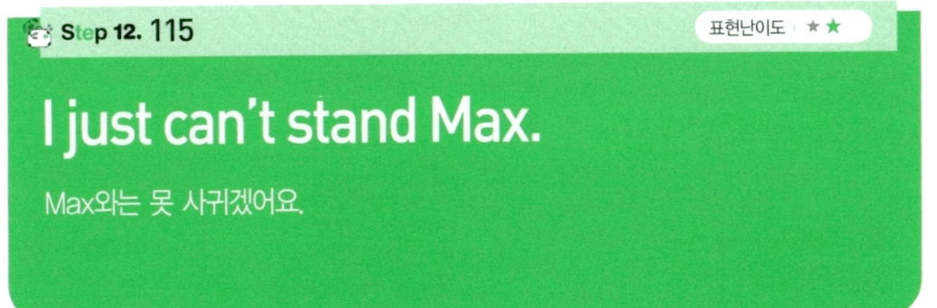

July_
Max는 정말 꼴불견이에요.

Sara_
그럴 줄 알았어요.

July_
그는 너무 무례해요.

Sara_
정말 그래요.

❶ I just can't stand losing you.

당신을 잃는다는 것은 참을 수 없어요.

❷ I just can't stand the loud noise from upstairs.

위층에서 나는 시끄러운 소음을 견딜 수가 없어요.

❸ I just can't stand hot weather in Africa.

아프리카의 더운 날씨는 참기 어려워요.

❹ Heavy traffic again! I can't stand it.

또 교통 체증이야! 참을 수가 없어.

❺ I just can't stand Jane who has her own way.

제멋대로인 Jane을 그냥 내버려 둘 수가 없군요.

> **Talk Tip**

상대방의 말에 동의를 하는 경우 You can say that again.이라고 합니다. 뜻은 '정말 그렇습니다.'입니다.

How long has it been since you went to Busan?

얼마 만에 부산에 가는 겁니까?

'얼마 만에 ~하는 겁니까?'라는 말을 상대방에게 건네고 싶다면 간단하게 「How long has it been since you + 과거 동사…?」라고 하면 됩니다.

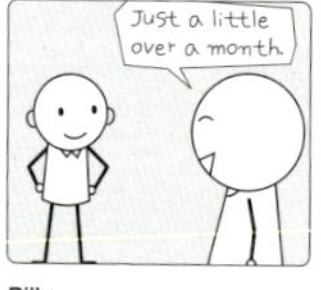

Jason_
여름휴가로 어디에 갈 계획인 가요?

Billy_
부산에 갈 계획입니다.

Jason_
정말인가요? **얼마 만에 부산에 가는 겁니까?**

Billy_
한 달 조금 넘었습니다.

❶ **How long has it been since** you went on a picnic?
당신은 얼마 만에 소풍을 가는 겁니까?

❷ **How long has it been since** you smoked?
당신은 얼마 만에 담배를 피우는 겁니까?

❸ **How long has it been since** we met each other?
우리는 얼마 만에 만나는 거죠?

❹ **How long has it been since** he went to Seoul?
그가 얼마 만에 서울에 가는 겁니까?

❺ **How long has it been since** she took a vacation?
그녀가 얼마 만에 휴가를 가는 겁니까?

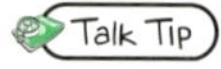 **Talk Tip**

많이 사용하는 영어 패턴 중에 하나인 「be planning to + 동사」는 '~할 계획 중이다'라는 뜻입니다.

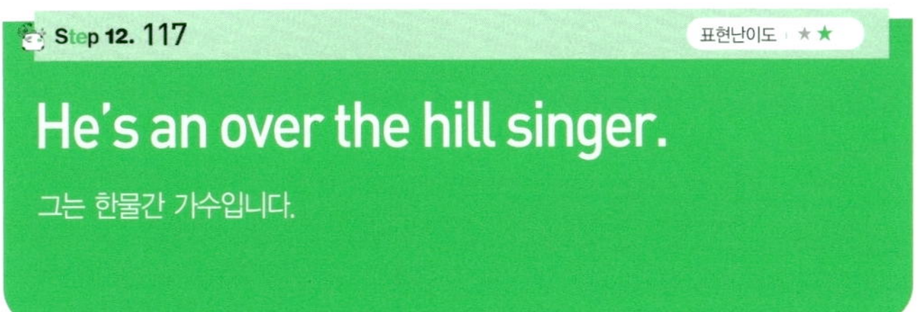

He's an over the hill singer.

그는 한물간 가수입니다.

over the hill을 직역하면 '언덕을 넘어서'가 되는데 보통 전성기가 지나서 기량이 현격히 떨어진 누군가를 묘사하는 표현입니다.

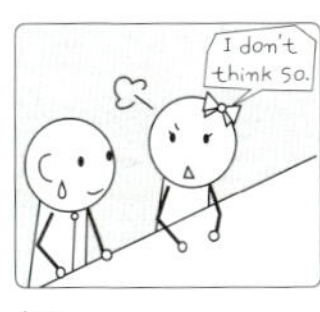

Jason_
가장 좋아하는 가수가 누구죠?

Jane_
Brian Adams를 많이 좋아합니다.

Jason_
제 생각에는 **그는 한물간 가수**예요.

Jane_
난 그렇게 생각하지 않아요.

❶ He is an over the hill politician.
그는 한물간 정치가입니다.

❷ He is an over the hill musician in America.
그는 미국에서 한물간 음악가입니다.

❸ He is an over the hill actor in Hollywood.
할리우드에서 그는 한물간 배우입니다.

❹ He is an over the hill soccer player.
그는 한물간 축구 선수입니다.

❺ He is an over the hill singer, but his song is still popular.
그는 한물간 가수지만 그의 노래는 여전히 인기가 있어요.

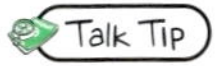 Talk Tip

가장 좋아하는 가수가 누구인지 상대방에게 묻고 싶다면 Who is your favorite pop singer?라고 말해 보세요.

Can you be more specific about your family?

가족에 대해서 좀 더 자세히 말해 줄래요?

대화를 나누다가 상대가 자세한 내용은 말하지 않고 주변 얘기만으로 사안의 본질을 드러내지 않을 때 Can you be more specific?이라고 질문할 수 있는데, 뜻은 '좀 더 자세히 말씀해 주시겠어요?'입니다.

Jason_
가족은 몇 명입니까?

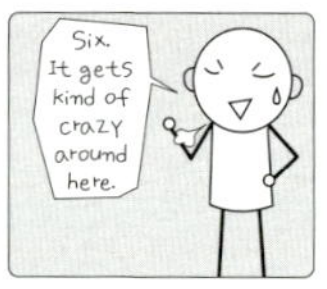

Billy_
여섯 명입니다. 집에 있으면 정말 정신이 없어요.

Jason_
가족에 대해서 좀 더 자세히 말해 줄래요?

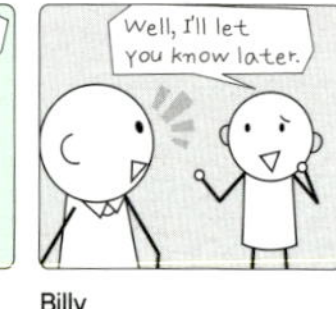

Billy_
글쎄요. 나중에 알려 드리죠.

❶ **Can you be more specific about** your job?

당신 일에 대해 좀 더 자세히 말해 줄래요?

❷ **Can you be more specific about** your new marketing strategy?

당신의 새로운 마케팅 전략에 대해 좀 더 자세히 말해 주시죠?

❸ **Can you be more specific about** his school life?

그의 학교 생활에 대해 좀 더 자세히 말해 줄래요?

❹ **Can you be more specific about** her situation?

그녀의 상황에 대해 좀 더 자세히 말해 주시죠?

❺ **Can you be more specific about** when this project will be finished?

이 프로젝트가 언제 끝날지 좀 더 자세히 말해 주시죠?

Talk Tip

I'll let you know 뒤에 목적어를 넣어서 '~을 알려 드릴게요'라고 표현할 수 있습니다.

How long will it be before the next bus arrives?

다음 버스가 도착하려면 얼마나 더 있어야 되죠?

How long will it be before...?는 '~하려면 얼마나 더 있어야 되죠?'라는 뜻입니다. 비슷하게 '~하는 데 얼마나 걸리냐?'라는 표현은 「How long will it take to + 동사…?」를 이용하여 표현할 수 있는데 둘 다 자주 쓰이므로 많은 연습을 통해서 익혀 두는 것이 중요합니다.

Mina_
다음 버스가 도착하려면 얼마나 더 있어야 되죠?

Billy_
대략 20분입니다.

Mina_
정말이에요? 혹시 이 노선에 버스가 얼마나 자주 다니는지 아세요?

Billy_
죄송해요. 저도 잘 모르겠어요.

❶ **How long will it be before** lunch?
점심 시간까지 얼마나 더 있어야 되죠?

❷ **How long will it be before** I can play tennis well?
제가 테니스를 잘 치려면 얼마나 더 있어야 되죠?

❸ **How long will it be before** I can taste it?
그것을 맛 보려면 얼마나 더 있어야 되죠?

❹ **How long will it be before** you are ready to leave?
당신이 떠날 준비가 되려면 얼마나 더 있어야 되죠?

❺ **How long will it be before** you can marry her?
당신이 그녀와 결혼할 수 있으려면 얼마나 더 있어야 되죠?

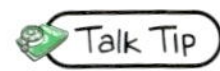
Talk Tip

대화에서 나온 run은 '(버스·기차 등이 특정 노선으로) 운행하다'라는 의미입니다.

I'm having a ball.

정말 재미있습니다.

몇몇 호텔에는 ballroom이 있는데 뜻은 '무도장, 연회장'입니다. 명사 ball에는 '여흥'이라는 뜻이 있으므로 '굉장히 재미있습니다.'라고 말할 때에는 I'm having a good time. 외에 I'm having a ball.이라고 해도 됩니다.

Jason_
여름휴가는 어때요?

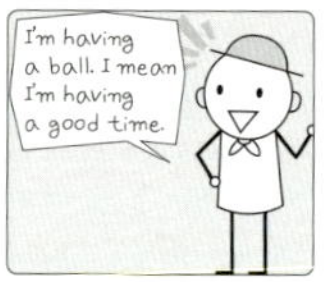

John_
정말 재미있습니다. 좋은 시간을 보내고 있어요.

Jason_
즐거울 때는 저는 시간이 정말 빨리 가죠?

John_
맞아요.

❶ **My children** are having a ball **at an amusement park.**
제 아이들이 놀이 공원에서 재미있는 시간을 보내고 있어요.

❷ **I'm** having a ball **with my colleagues.**
저는 동료들과 즐거운 시간을 보내고 있어요.

❸ **Cindy** is having a ball **with her younger sister.**
Cindy는 여동생과 즐거운 시간을 보내고 있어요.

❹ **Tony** is having a ball **with his friends at his birthday party.**
Tony는 그의 생일 파티에서 친구들과 즐거운 시간을 보내고 있어요.

❺ **We** are having a ball **together.**
우리는 재미있는 시간을 함께 보내고 있죠.

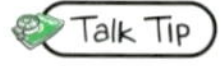
Talk Tip

상대방의 말이 상황에 딱 맞아 '바로 그겁니다.'라는 대답을 하고 싶을 때 영어로는 You got it right.라고 합니다.

Let's take a **Review**

111. 저는 그와 굉장히 친합니다. (first, I, him, know, name, by, his)

____.

112. 그녀가 무척 보고 싶군요. (set, seeing, I, heart, have, her, on, my)

____.

113. 저는 사람들과 쉽게 어울리지 못해요.
(I'm, with, get, easy, to, not, along)

____.

114. 저는 요리에 소질이 있다고 생각하지 않습니다.
(cooking, for, I, think, don't, I, the talent, have)

____.

115. Max와는 못 사귀겠어요. (Max, I, stand, can't, just)

____.

116. 얼마 만에 부산에 가는 겁니까?
(Busan, how, long, you, to, went, since, it, been, has)

____?

117. 그는 한물간 가수입니다. (singer, hill, an, over, the, he's)

____.

118. 가족에 대해서 좀 더 자세히 말해 줄래요?
(your, family, can, specific, more, about, be, you)

____?

119. 다음 버스가 도착하려면 얼마나 더 있어야 되죠?
(how, arrives, the, bus, next, before, it, be, will, long)

____?

120. 정말 재미있습니다. (ball, having, a, I'm)

____.

Step 13

121 I feel uneasy without my cell phone.
저는 휴대폰이 없으면 불안합니다.

122 Not a chance.
어림도 없는 소리야.

123 To the best of my knowledge
내가 아는 한

124 If you were in my shoes, what would you do?
당신이 제 입장이라면 어떻게 하시겠어요?

125 If it's not too much trouble, would you be so kind to help me?
대단히 죄송하지만 저를 좀 도와주시겠어요?

126 I don't have the guts to propose to her.
용기가 없어서 그녀에게 청혼을 못합니다.

127 I'm sick and tired of pizza.
피자에 신물이 납니다.

128 I haven't been exercising because I can't be bothered.
귀찮아서 운동을 안 하고 있었습니다.

129 I don't know what to do to kill time.
시간을 보내기 위해 뭘 해야 할지 모르겠어요.

130 How do you think I feel?
제 기분이 어떨 것 같습니까?

I feel uneasy without my cell phone.

저는 휴대폰이 없으면 불안합니다.

동사 feel은 보통 뒤에 형용사를 취해 감정이나 상태를 표현합니다. feel uneasy without...이라는 표현은 '～이/가 없으면 불안하다'라는 뜻입니다. 이외에도 feel happy(행복하다), feel better(나아지다), feel sorry(안쓰럽다), feel warm(따뜻하다) 등과 같이 표현할 수 있습니다.

Jason_
항상 휴대폰을 가지고 다니십니까?

Billy_
물론이죠. 항상 주머니에 넣고 다닙니다.

Jason_
휴대폰이 없으면 불안합니까?

Billy_
당연하죠. **휴대폰이 없으면 불안합니다.**

❶ **I feel uneasy without** my eyeglasses.

저는 안경이 없으면 불안해요.

❷ **I feel uneasy without** this English dictionary.

이 영어 사전이 없으면 불안해요.

❸ **I feel uneasy without** your financial support.

당신의 재정적인 지원이 없으면 불안해요.

❹ **I feel uneasy without** special reasons.

특별한 이유 없이 불안해요.

❺ **I feel uneasy without** you next to me.

제 곁에 당신이 없으면 불안합니다.

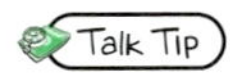
Talk Tip

우리가 사용하는 '휴대폰'은 영어로는 cell(ular) phone 또는 mobile phone이라고 합니다.

Not a chance.

어림도 없는 소리야.

상대방이 마음에 안 드는 제안이나 의견을 내놓았을 때 거절하고 싶다면 Not a chance.라고 대답할 수 있습니다. 상황에 따라 우리말로 '어림없어, 절대 안 돼, 말도 안 돼.' 등으로 해석할 수 있습니다.

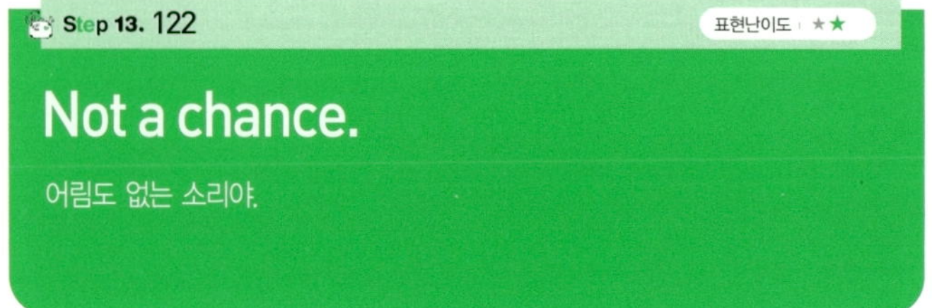

Jason_
외식하자.

Jenny_
좋은 생각이야. 기분 전환으로 일본 음식 먹는 게 어때?

Jason_
절대 안 돼. 난 일본 음식을 별로 좋아하지 않거든.

Jenny_
유감인데.

❶ **Let's study Japanese together. ~ Not a chance. Japanese isn't my thing.**

일본어 같이 공부하자. ~ 어림도 없는 소리 하지 마. 일본어와는 담쌓았어.

❷ **Let's play golf over the weekend. ~ Not a chance. When it comes to golf, I'm all thumbs.**

주말에 골프 치자. ~ 어림없는 소리. 골프에 관한 한 난 젬병이야.

❸ **What do you say to getting together for a drink? ~ Not a chance.**

술 한잔 같이 하는 게 어때? ~ 어림없는 소리야.

❹ **Do you want to go to the casino with me? ~ Not a chance.**

같이 카지노나 갈까? ~ 말도 안 돼.

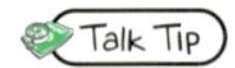
Talk Tip

be crazy about은 '~에 푹 빠져 있다, ~을 무척 좋아하다'라는 뜻입니다.

To the best of my knowledge

내가 아는 한

to the best of my knowledge는 '내가 아는 한, 저의 견해로는'이라는 뜻으로 사용되는데, 비슷한 표현으로 in my opinion(제 생각에는), a far as I'm concerned(제가 아는 바로는), as long as I know(제가 아는 한) 등이 있습니다.

Jason_
그녀를 믿을 수 있을까요?

Bob_
제가 아는 한, 그녀는 믿을 만 해요.

Jason_
왜 그렇게 말씀하시죠?

Bob_
같은 고향 출신이거든요.

❶ To the best of my knowledge, he is kind of picky.

제가 아는 바로는, 그가 좀 깐깐한 것 같아요.

❷ To the best of my knowledge, it is a tough question.

제가 아는 한도에서는, 좀 대답하기 어려운 질문이네요.

❸ As long as I know, he will hit the jackpot.

제가 아는 한, 그는 성공할 겁니다.

❹ In my opinion, he is likely to stop smoking.

제가 생각하기로는, 그가 담배를 끊을 것 같습니다.

❺ As far as I'm concerned, she doesn't like you.

제 생각에는, 그녀가 당신을 좋아하지 않아요.

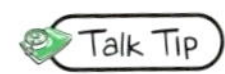
Talk Tip

Why do you say that?이라는 표현보다 What makes you say that?이 좀 더 영어다운 표현입니다.

표현난이도 : ★ ★

If you were in my shoes, what would you do?

당신이 제 입장이라면 어떻게 하시겠어요?

상대방에게 자신의 고민을 허심탄회하게 얘기한 뒤 충고를 바랄 때 쓰는 표현입니다. 충고를 해 줄 때에는 if I were you(제가 당신이라면)라고 자연스럽게 운을 떼며 자신의 생각을 표현 하면 됩니다.

Thank you for your advice.

Jason_
Charlie, 걱정이 있어 보입니다. 무슨 문제죠?

Charlie_
이 새 프로젝트를 제때 끝내야 합니다. **당신이 제 입장이라면 어떻게 하시겠어요?**

Jason_
제가 당신이라면 미스터 김에게 도움을 요청할 겁니다.

Charlie_
충고 고마워요.

❶ **If you were in my shoes, what would you do for the weekend?**
당신이 나라면 주말에 무엇을 할래요?

❷ **If you were in my shoes, what would you eat at this Chinese restaurant?**
당신이 나라면 이 중국 식당에서 무엇을 먹을래요?

❸ **If you were in my shoes, what would you buy as a birthday present?**
당신이 제 입장이라면 생일 선물로 무엇을 살래요?

❹ **If you were in my shoes, what would you do for your health?**
당신이 제 입장이라면 건강을 위해 무엇을 할래요?

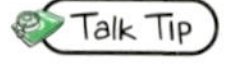
Talk Tip

「ask + 사람 + for some help」는 '누군가에게 도움을 요청하다'라는 의미입니다.

If it's not too much trouble, would you be so kind to help me?

대단히 죄송하지만 저를 좀 도와주시겠어요?

「If it's not too much trouble, would you be so kind to + 동사…」는 '큰 문제가 되지 않는다면 ~해 주시겠습니까?' 즉 '대단히 죄송하지만 ~해 주시겠습니까?'라는 뜻으로 부탁이 있거나 도움을 요청할 때 쓰는 아주 공손한 표현입니다.

Jason_
대단히 죄송하지만 저를 좀 도와주시겠어요?

Billy_
물론이죠. 무엇을 도와 드릴까요?

Jason_
이 책상 옮기는 것을 도와주실 수 있나요?

Billy_
그럼요.

❶ **If it's not too much trouble, would you be so kind to tell me your phone number?**

대단히 죄송하지만 전화번호 좀 말씀해 주시겠습니까?

❷ **If it's not too much trouble, would you be so kind to give me a call?**

대단히 죄송하지만 저에게 전화 좀 해 주시겠습니까?

❸ **If it's not too much trouble, would you be so kind to give me a lift?**

대단히 죄송하지만 저 좀 태워 주시겠습니까?

❹ **If it's not too much trouble, would you be so kind to wake me up at 6 in the morning?**

대단히 죄송하지만 아침 6시에 저를 좀 깨워 주시겠습니까?

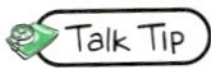
Talk Tip

상대방에게 도움을 요청 받는 경우 What can I do for you?라고 되물을 수 있습니다.

표현난이도 | ★ ★

I don't have the guts to propose to her.

용기가 없어서 그녀에게 청혼을 못합니다.

명사 guts는 원래 '용기, 배짱'을 의미하므로 「I don't have the guts to + 동사」 패턴은 '나는 ~을/를 할 수 있는 용기/배짱이 없다'라는 뜻으로 사용됩니다.

Jason_
왜 여자 친구와 결혼하려고 하지 않나요?

Billy_
사실, **용기가 없어서 그녀에게 청혼을 못합니다.**

Jason_
자, 힘내요. 당신은 할 수 있습니다.

Billy_
알았어요. 한번 해 보죠.

❶ **I don't have the guts to fight back.**
용기가 없어 맞서 싸우지 못하겠어요.

❷ **I don't have the guts to dance in front of people.**
용기가 없어 사람들 앞에서 춤을 못추겠어요.

❸ **I don't have the guts to tell you the truth.**
용기가 없어 당신에게 진실을 말하지 못하겠어요.

❹ **I don't have the guts to give him a call.**
용기가 없어 그에게 전화를 못하겠어요.

❺ **I don't have the guts to go to New York alone.**
용기가 없어 혼자서 뉴욕에 못 가겠습니다.

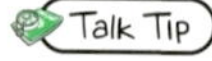
Talk Tip

'한번 시도해 보다'에 해당하는 영어 표현이 I'll give it a try/shot입니다.

표현난이도 ★ ★

I'm sick and tired of pizza.

피자에 신물이 납니다.

우리말에 '~이/가 정말 지겹다, 정말 신물이 난다'라는 표현이 있는데, 이럴 때 영어로는 「I'm sick and tired of + 명사」라고 합니다. 간단하게 I'm sick of... 또는 I'm tired of...라고 해도 괜찮습니다.

Jane_
어떤 음식을 즐겨 드세요?

Billy_
피자가 제일 좋아요.

Jane_
정말이요? 저는 그런 음식을 다시는 안 먹을 거예요. **전 피자에 신물이 나요.**

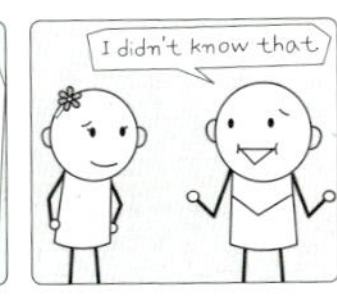

Billy_
그런 줄 몰랐어요.

❶ I'm sick and tired of living alone.
혼자 사는 게 정말 지겹습니다.

❷ I'm sick and tired of going on a business trip.
출장가는 것이 정말 신물이 납니다.

❸ I'm sick and tired of using my old computer.
내 구형 컴퓨터를 사용하기가 지겨워졌어요.

❹ I'm sick and tired of living in Seoul.
서울에서 사는 게 지겨워요.

❺ I'm sick and tired of catching a taxi in Seoul.
서울에서 택시를 잡는 것에 아주 질렸어요.

Talk Tip

보통 What kind of food do you enjoy?라고 하면 '어떤 음식을 좋아합니까/즐기십니까?'라는 의미로 사용됩니다.

I haven't been exercising because I can't be bothered.

귀찮아서 운동을 안 하고 있었습니다.

because I can't be bothered는 '귀찮기 때문에'라는 의미로 '귀찮게 하다'라는 뜻의 동사인 bother를 이용한 표현입니다.

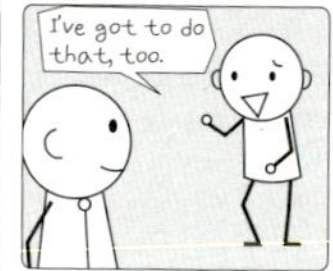

Jason_
운동을 해 왔나요?

Billy_
아니요, **귀찮아서 안 하고 있었어요**. 당신은요?

Jason_
매일 운동하려고 해요.

Billy_
나도 그래야겠어요.

❶ I haven't been **dating** anyone because I can't be bothered.
귀찮아서 누구하고도 사귀지 않았어요.

❷ I haven't been **fixing** my computer because I can't be bothered.
귀찮아서 컴퓨터를 고치지 않고 있었어요.

❸ I haven't been **cleaning** my room because I can't be bothered.
귀찮아서 방 청소를 안 하고 있었어요.

❹ I haven't been **washing** my car because I can't be bothered.
귀찮아서 세차를 하지 않고 있었죠.

❺ I haven't been **calling** them because I can't be bothered.
귀찮아서 그들에게 전화 안 하고 있었던 거예요.

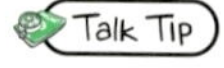
Talk Tip

work out은 '해결하다'라는 의미 외에도 상황에 따라서 '운동하다'라는 뜻으로도 사용합니다.

 표현난이도 ★ ★

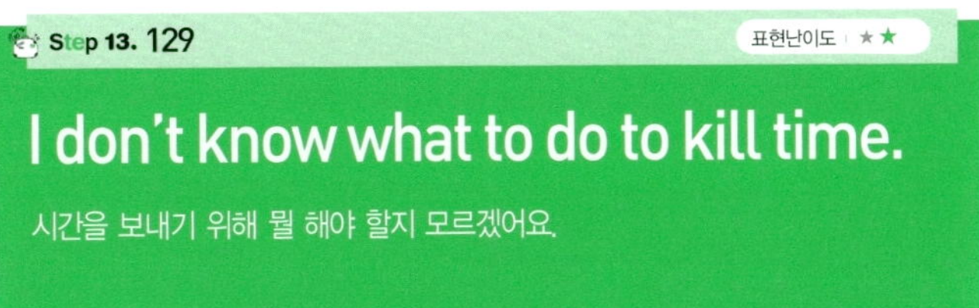

I don't know what to do to kill time.

시간을 보내기 위해 뭘 해야 할지 모르겠어요.

아무런 할 일도 없이 시간을 때워야 하는 경우 영어로 kill time이라고 하는데 여기서 동사 kill 은 '(시간을) 때우다, 보내다'라는 의미입니다.

Jason_
다음 기차가 도착하려면 얼마나 있어야 되죠?

Jane_
대략 한 시간 정도일 거예요.

Jason_
그러면 무엇을 할 겁니까?

Jane_
글쎄요, 다음 기차가 도착할 때까지 **시간을 보내기 위해 뭘 해야 할지 모르겠어요.**

❶ I don't know what to do to **get in touch with him.**

그와 연락하기 위해 무엇을 해야 할지 모르겠어요.

❷ I don't know what to do **in my leisure time.**

여가 시간에 무엇을 해야 할지 모르겠군요.

❸ I don't know what to do to **fix this car.**

이 차를 고치기 위해 무엇을 해야 할지 모르겠어요.

❹ I don't know what to do to **find a solution to the problem.**

그 문제의 해결책을 찾기 위해 무엇을 해야 할지 모르겠습니다.

❺ I don't know what to do to **lose weight.**

살을 빼기 위해 무엇을 해야 할지 모르겠어요.

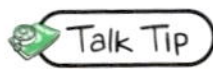 Talk Tip

대화 중에 「How long will it be before + 주어 + 동사…?」는 '~하려면 얼마나 있어야 되죠?'라는 뜻입니다.

표현난이도 ★ ★

How do you think I feel?

제 기분이 어떨 것 같습니까?

How do you think 다음에는 「주어+동사」의 문장이 와야 합니다. 보통 What do you think 다음에는 전치사 of 또는 about이 바로 나올 수가 있지만 How do you think 뒤에는 반드시 「주어+동사」의 문장이 나온다는 사실을 기억해 두세요.

Jason_
또 시험에 떨어졌어요.

Billy_
아, 안됐군요.

Jason_
제 기분이 어떨 것 같습니까?

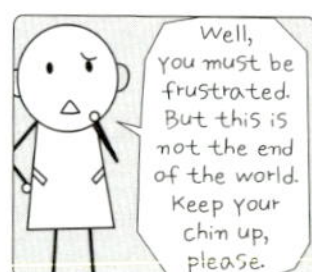

Billy_
글쎄요, 실망했겠죠. 하지만 세상이 끝난 건 아니잖아요. 기운을 내요.

❶ **How do you think I feel at this moment?**
이 순간 내 맘이 어떨 것 같아?

❷ **You left me behind all of a sudden. How do you think I feel?**
갑자기 날 두고 떠났어. 내 맘이 어떻겠니?

❸ **You broke your promise again. How do you think I feel?**
약속 또 어겼네. 내 기분이 어떨 것 같니?

❹ **I broke up with Jane yesterday. How do you think I feel?**
Jane과 어제 헤어졌어. 내 맘이 어떨 것 같아?

❺ **I lost my wallet on my way home. How do you think I feel?**
집에 오는 길에 지갑을 잃어 버렸어. 내 기분이 어떻겠니?

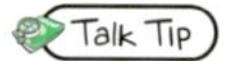
Talk Tip

상대방을 위로할 때 Keep your chin up.이라고 하는데, 간단하게 Chin up! Cheer up!이라고 해도 좋습니다.

Let's take a **Review**

121. 전 휴대폰이 없으면 불안합니다. (without, I, uneasy, feel, my, phone, cell)

____ .

122. 어림도 없는 소리야. (a, not, chance)

____ .

123. 내가 아는 한 (my, best, to, knowledge, the, of)

____ .

124. 당신이 제 입장이라면 어떻게 하시겠어요?
(do, in, you, were, would, my, if, you, what, shoes)

____ ?

125. 대단히 죄송하지만 저를 좀 도와주시겠습니까?
(if, you, thouble, help, much, not, too, me, would, it's, kind, to, so, be)

____ ?

126. 용기가 없어서 그녀에게 청혼을 못합니다.
(her, don't, I, have, guts, propose, to, to, the)

____ .

127. 피자에 신물이 납니다. (I'm, pizza, sick, tired, of, and)

____ .

128. 귀찮아서 운동을 안 하고 있었습니다.
(I, bothered, haven't, been, exercising, I, because, be, can't)

____ .

129. 시간을 보내기 위해 뭘 해야 할지 모르겠어요.
(I, do, don't, kill, time, what, to, know, to)

____ .

130. 제 기분이 어떨 것 같습니까? (how, I, you, feel, do, think)

____ ?

Step 14

131 **I was so passed out.**
완전히 필름이 끊겼어.

132 **I'm trying to go easy on the coffee.**
커피 좀 줄이려고 합니다.

133 **Please watch your step.**
발 조심 하세요.

134 **Not a word to anyone about it.**
그거 아무에게도 얘기하지 마.

135 **I'm calling to ask you if you'd like to have dinner with me.**
저녁 식사 같이 하실 건지 알고 싶어 전화했어요.

136 **That's new to me.**
금시초문이에요.

137 **You're telling me.**
정말 그래.

138 **What seems to be wrong with your car?**
차에 무슨 문제라도 있나요?

139 **I'm on a first name basis with him.**
그와 친한 사이입니다.

140 **I've heard a lot about you from your boss.**
당신 사장님에게서 말씀 많이 들었습니다.

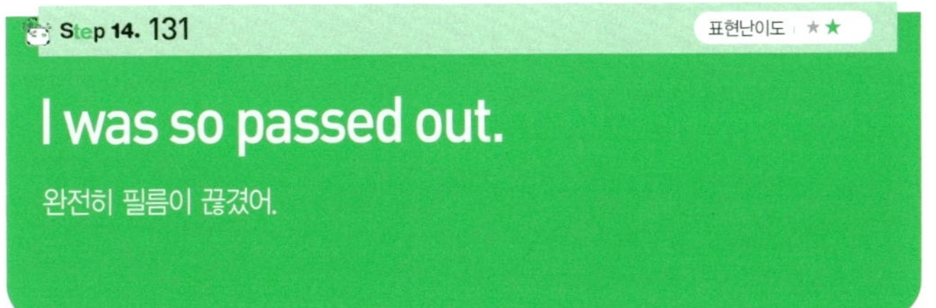

I was so passed out.

완전히 필름이 끊겼어.

술에 너무 취해서 아무것도 기억이 나지 않을 때 우리는 종종 '완전히 취했어, 완전히 필름이 끊겼어.'라고 말을 합니다. 이럴 때 영어로 어떻게 표현할 수 있을까요? 쉽게 I got drunk.라고 해도 되지만 I was so passed out. 또는 I got blacked out.이라고 표현하면 됩니다.

Jason_
어젯밤에 술을 얼마나 마셨어?

Billy_
어젯밤에 좀 과음을 했지

Jason_
설마 술에 취했었니?

Billy_
응, 완전히 필름이 끊겼어.

❶ I can't remember anything now because I completely passed out yesterday.

어제 너무 취해서 지금 아무것도 기억이 안 나.

❷ I wonder what I did last night. I completely passed out.

지난밤에 내가 뭘 했는지 모르겠어. 완전히 필름이 끊겼네.

❸ My coworker completely passed out because he drank too much.

내 동료가 술을 너무 많이 마셔서 완전히 취해 버렸어.

❹ He got blacked out last night. That's why he was late for work.

그는 지난밤에 완전히 취했어. 그래서 직장에 늦었다니깐.

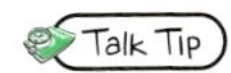
Talk Tip

영어로 drink like a fish라고 하면 '술고래다, 술을 많이 마시다'라는 의미입니다.

I'm trying to go easy on the coffee.

커피 좀 줄이려고 합니다.

go easy on...은 보통 명령형으로 써서 '~을/를 적당히 해요, ~을 좀 봐주세요'라는 뜻을 나타냅니다. 그래서 Go easy on the coffee.라고 하면 '커피 좀 적당히 드십시오.'라는 의미가 됩니다.

Rachael_
커피 한 잔 마시고 싶군요. 커피 한 잔 할래요?

Billy_
괜찮아요. 오늘 아침에 이미 한 잔 마셨습니다.

Rachael_
에이, 한 잔 더 마신다고 어떻게 되나요?

Billy_
사실, **커피 좀 줄이려고 해요.**

❶ **I'm trying to go easy on** the booze.
술을 좀 적당히 마시려고 합니다.

❷ **I'm trying to go easy on** the ice cream.
아이스크림을 적당히 먹으려고 합니다.

❸ **I'm trying to go easy on** the makeup.
화장을 좀 가볍게 하려고 해요.

❹ **I'm trying to go easy on** the overeating.
과식 좀 그만하려고 해요.

❺ **I'm trying to go easy on** Mike.
Mike에게 너무 심하게 하지 않으려고 노력 중입니다.

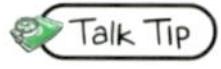
Talk Tip

보통 I feel like drinking a cup of coffee.라고 하지만 좀 더 간단하게 I feel like a coffee.라고도 합니다.

Please watch your step.

발 조심하세요.

전철이나 버스와 같이 대중교통을 이용하는 경우에 방송을 통해서 자주 듣는 표현이 바로 Please watch you step.입니다. 우리말로 '발 조심 하십시오.'라는 뜻입니다.

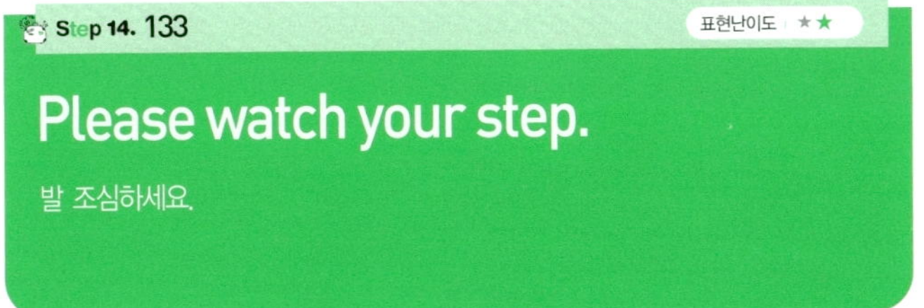

Michael_
집이 정말 근사하군요.

Luna_
고맙습니다. 여기가 주방인데 발 조심하세요. 약간 미끄러워요.

Michael_
방금 전에 바닥을 닦은 모양이군요.

Luna_
네, 맞아요.

❶ **Please watch your step** when you get off the train.
기차에서 내릴 때 발 조심하세요.

❷ **Please watch your step** when you cross the street.
길 건널 때 발 조심하세요.

❸ **Please watch your step** when you walk down the stairs.
계단을 내려갈 때 발 조심하세요.

❹ **Please watch your language.**
말 좀 삼가세요.

❺ **Please watch your head** when you enter this low doorway.
이 낮은 출입구에 들어올 때 머리 조심하세요.

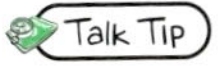
Talk Tip

형용사 awesome에는 '어마어마한, 굉장한, 경탄할 만한'이라는 뜻이 있어 '기막히게 좋다'는 의미로 구어에서 자주 쓰입니다.

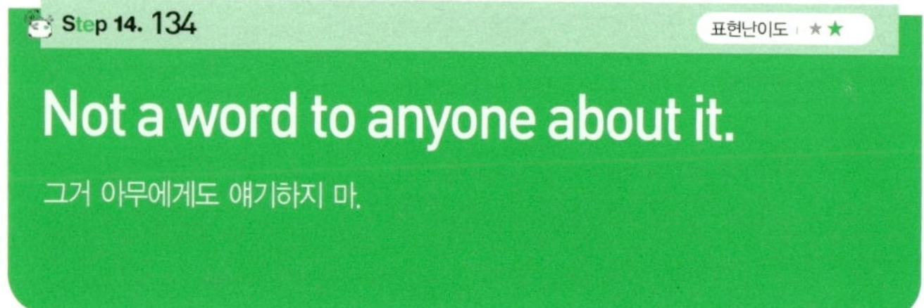

Not a word to anyone about it.

그거 아무에게도 얘기하지 마.

비밀이나 말 못할 고민을 상대방에게 얘기한 후 '아무에게도 얘기하지 마.'라고 당부의 말을 하고 싶을 때 영어로는 Not a word to anyone about it.이라고 하면 됩니다.

Jason_

Charlie, 오늘 기분이 어때?

Charlie_

최악이야.

Jason_

왜 그래? 시험에 또 떨어졌어?

Charlie_

맞아. 하지만 **아무에게도 얘기 하지 마.**

❶ **Not a word to them about it.**
그들에게 말하지 마.

❷ **Not a word to my boyfriend about it.**
내 남자 친구에게 말하지 마.

❸ **Not a word to my girlfriend who is talkative about it.**
말 많은 내 여자 친구에게 얘기하지 마.

❹ **Not a word to my manager working with me about it.**
나와 함께 일하고 있는 내 매니저에게 아무 말도 하지 마.

❺ **Not a word to Windy in the accounting department about it.**
경리부에 있는 Windy에게 말하지 마.

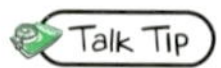
Talk Tip

자신의 기분을 나타내는 표현 중에 Couldn't be worse/better.는 '(기분이) 최악이야/최고야.'라는 뜻입니다.

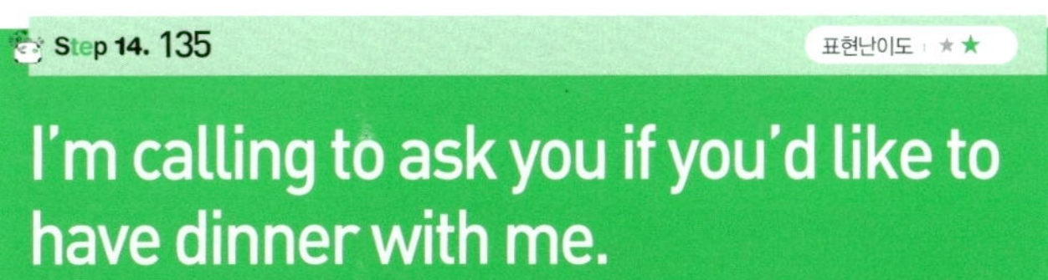

I'm calling to ask you if you'd like to have dinner with me.

저녁 식사 같이 하실 건지 알고 싶어 전화했어요.

상대방에게 전화를 건 후 정중하게 「I'm calling to ask you if you'd like to + 동사」의 구문을 이용하여 전화한 용건을 말하면 좋습니다. 동사만 바꿔 다양하게 표현할 수 있습니다.

Peter_
미스터 박과 통화를 할 수 있을까요?

Mr. Park_
접니다.

Peter_
안녕하세요, Peter입니다. **저와 저녁 식사를 함께 하실 건지 알고 싶어 전화했어요.**

Mr. Park_
글쎄요. 우선 제 일정을 확인해 보죠.

❶ I'm calling to ask you if you'd like to **go swimming tomorrow.**
내일 수영하러 가고 싶은지 알고 싶어 전화했어요.

❷ I'm calling to ask you if you'd like to **study abroad.**
외국에서 공부를 하고 싶은지 알고 싶어 전화했어요.

❸ I'm calling to ask you if you'd like to **play tennis this afternoon.**
오늘 오후에 테니스를 치고 싶은지 알고 싶어 전화했어요.

❹ I'm calling to ask you if you'd like to **get some fresh air.**
바람 좀 쐬고 싶은지 알고 싶어 전화했어요.

Talk Tip

전화상에서 Speaking.이라고 하면 '(바로) 접니다.'라는 뜻입니다.

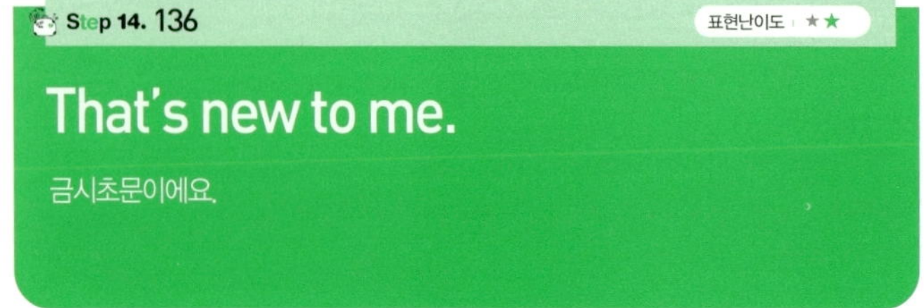

어떤 사실을 전혀 몰랐다가 새롭게 알았을 때 '금시초문입니다, 처음 듣습니다, 처음 접해 봅니다, 아무도 얘기하지 않았습니다.'라고 말을 하게 되죠. 외국인과 대화를 나누다가 좀 색다른 소식을 접하게 되는 경우 That's new to me.라고 하면서 반응을 보여 주면 좋습니다.

Jason_
영화 보러 갈래요?

Billy_
좋습니다. 어떤 영화를 좋아하시나요?

Jason_
코미디 영화를 좋아합니다. Jim Carrey는 제가 제일 좋아하는 할리우드 배우입니다.

Billy_
처음 듣는 얘기네요.

❶ This exotic food is new to me.
이 이국적인 음식은 처음이야.

❷ The movie you like most is new to me.
네가 제일 좋아한다는 영화는 처음 들었어.

❸ The book you are reading is new to me.
네가 읽고 있는 그 책은 처음 본다.

❹ The fact you quit the job is new to me.
네가 직장을 그만두었다는 사실은 처음 듣거든.

❺ That you don't like him is new to me.
네가 그를 좋아하지 않는다는 얘기는 처음 들어.

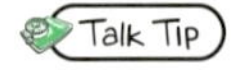
Talk Tip

'그거 좋아.'라는 의미의 (It) Sounds great/good/wonderful/fantastic.은 동의를 표할 때 자주 씁니다.

표현난이도 ★ ★

You're telling me.

정말 그래.

이 표현은 아랫사람이나 친구의 의견에 동의하거나 맞장구칠 때 쓰는 말로 '그래, 네 말이 맞아.' 또는 '누가 아니래, 당연하지, 정말 그래.'라는 의미입니다. 만약 윗사람에게 이 표현을 사용하게 되면 무척 가볍게 보일 수 있으므로 주의해서 사용해야 합니다.

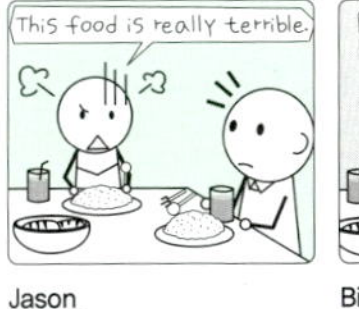

Jason_
이 음식 정말 맛없어.

Billy_
내 말이 그 말이야.

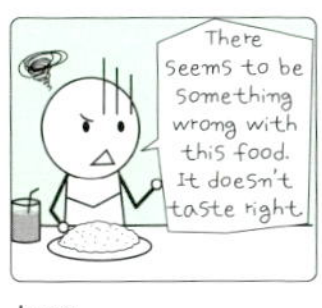

Jason_
뭔가 잘못된 것 같아. 맛이 이상해.

Billy_
정말 그렇구나.

❶ **He is a little picky. ~ You're telling me.**
그는 약간 깐깐해. ~ 정말 그래.

❷ **He is too demanding. ~ You're telling me.**
그는 요구하는 것이 너무 많아. ~ 정말 그래.

❸ **He is out of his mind. ~ You're telling me.**
그는 미쳤어. ~ 정말 그래.

❹ **Money burns a hole in his pocket. ~ You're telling me.**
그는 돈을 물 쓰듯이 해. ~ 정말 그래.

❺ **What a day! ~ You're telling me.**
정말 힘겨운 날이야! ~ 정말 그래.

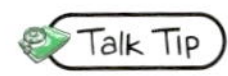 Talk Tip

영어로 It doesn't taste right.라고 하면 '맛이 이상해.'라는 뜻입니다.

What seems to be wrong with your car?

차에 무슨 문제라도 있나요?

기본적인 영어 패턴인 「What seems to be wrong with A?」에서 A 자리에 문제가 있는 대상을 나타내는 어휘를 넣으면 얼마든지 다양한 문장을 만들어 대화할 수 있습니다.

Jason_
차에 무슨 문제라도 있나요?

Billy_
또 고장났습니다.

Jason_
가장 가까운 자동차 수리점에
가져가 보시죠?

Billy_
좋은 생각 같아요.

❶ **What seems to be wrong with your computer that you bought yesterday?**

어제 산 컴퓨터에 무슨 문제라도 있나요?

❷ **What seems to be wrong with your bicycle?**

자전거에 무슨 문제라도 있나요?

❸ **What seems to be wrong with your television? Did it break down again?**

텔레비전에 무슨 문제라도 있나요? 또 고장 났어요?

❹ **What seems to be wrong with your cell phone?**

핸드폰에 무슨 문제라도 있나요?

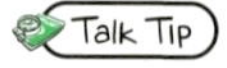
Talk Tip

break down은 '고장나다'라는 뜻으로 be out of order로 표현해도 됩니다.

I'm on a first name basis with him.

그와 친한 사이입니다.

영어로 '아주 친한 사이다'를 be on a first name basis라고 합니다. 여기에 나오는 first name은 바로 우리말의 '이름'에 해당합니다. 우리가 친한 사이에서 이름을 부르듯이 '이름을 부르는 사이' 즉, '친한 사이'라는 뜻이 됩니다.

Jason_
오늘 아침에 David를 만났나요?

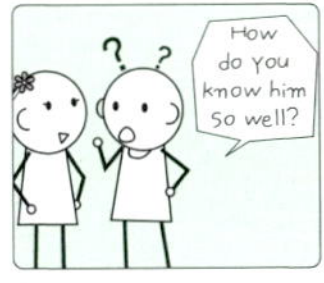

Susan_
물론이죠, 그는 온화하고 친절해요.

Jason_
어떻게 그렇게 잘 알죠?

Susan_
솔직히 말하면, 그와 친한 사이예요.

❶ **I'm on a first name basis with Tom who's working with you.**
당신과 함께 일하는 Tom과 친한 사이입니다.

❷ **I'm on a first name basis with Jane. We've been friends for years.**
Jane과 친한 사이입니다. 수 년 동안 친구로 지내 왔어요.

❸ **I'm on a first name basis with John in the sales department.**
영업부에 있는 John과 친한 사이입니다.

❹ **I'm on a first name basis with Mike. He is friendly and smart.**
Mike와 친한 사이입니다. 그는 다정하고 똑똑해요.

❺ **I'm on a first name basis with Julie. That's because she is outgoing.**
Julie와 친한 사이입니다. 그녀가 활발하기 때문이에요.

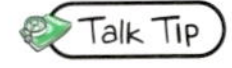

Talk Tip

'솔직히 말하면'에 해당하는 영어 표현으로는 to be honest, honestly, to tell the truth 등이 있습니다.

표현난이도 : ★ ★

I've heard a lot about you from your boss.

당신 사장님에게서 말씀 많이 들었습니다.

가끔 다른 사람들과 처음 인사를 나누게 될 때 우리는 '~에게서 당신에 대해서 말씀 많이 들었습니다'라는 말을 자주 하게 되는데 영어로는 I've heard a lot about you from...이라고 표현합니다.

Jason_
만나 뵙게 되어서 기쁩니다.

Billy_
만나 뵙게 되어서 영광이에요.

Jason_
당신 사장님에게서 말씀 많이 들었습니다.

Billy_
정말인가요? 무슨 말씀을 하셨는지 궁금하네요.

❶ **I've heard a lot about you from Mike, your manager.**
당신 매니저인 Mike가 당신 얘기를 많이 했습니다.

❷ **I've heard a lot about you from Douglas who's working here.**
여기서 일하는 Douglas한테 당신 얘기 많이 들었습니다.

❸ **I've heard a lot about you from your coworker, Tony.**
당신 동료인 Tony한테 얘기 많이 들었어요.

❹ **I've heard a lot about you from your friend in New York.**
뉴욕에 있는 당신 친구가 당신에 대해 많은 얘기를 했어요.

❺ **I've heard a lot about you from your husband.**
당신 남편이 당신 얘기 많이 했어요.

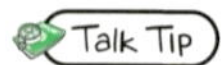 Talk Tip

「It's my honor to + 동사」는 '~하게 되어 영광이다'라는 표현입니다.

Let's take a **Review**

131. 완전히 필름이 끊겼어. (out, passed, I, so, was)

____.

132. 커피 좀 줄이려고 합니다. (I'm, the, coffee, trying, to, easy, go, on)

____.

133. 발 조심하세요. (please, your, watch, step)

____.

134. 그거 아무에게도 얘기하지 마. (it, about, anyone, a, not, word, to)

____.

135. 저녁 식사 같이 하실 건지 알고 싶어 전화했어요.
(with, me, I'm, calling, if, you'd, to, like, dinner, have, ask, you, to)

____.

136. 금시초문인데요. (me, that's, to, new)

____.

137. 정말 그래. (me, you're, telling)

____.

138. 차에 무슨 문제라도 있나요?
(your, car, what, seems, wrong, with, be, to)

____?

139. 그와 친한 사이입니다. (him, basis, I'm, on, with, name, first, a)

____.

140. 당신 사장님에게서 말씀 많이 들었습니다.
(boss, your, I've, heard, about, you, from, a lot)

____.

Step 15

141 Please give me a round-trip ticket to Busan.
부산까지 왕복권 한 장 주세요.

142 I'll tell you what.
자, 이렇게 합시다.

143 Wish me luck.
행운을 빌어 줘요.

144 Are you game?
너도 같이 할래?

145 How many times do I have to tell you?
몇 번이나 말해야 하나요?

146 I have money to burn.
저는 돈이 많아요.

147 Is it you, David?
너 David 아냐?

148 I just wanted to let you know my new address.
제 새 주소를 알려 주려고 했을 뿐입니다.

149 I have a skeleton in the closet.
저는 말 못할 비밀이 있어요.

150 That's too personal.
대답하기가 좀 곤란하네요.

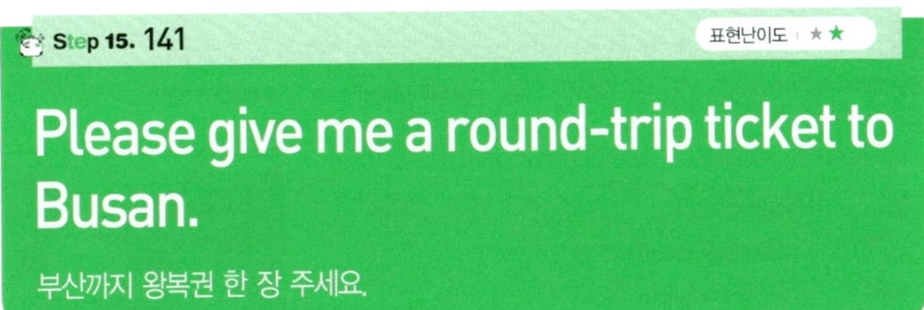

Please give me a round-trip ticket to Busan.

부산까지 왕복권 한 장 주세요.

버스나 기차, 비행기 등의 표(ticket)를 구입할 때 위의 표현을 사용하면 좋습니다. 차표에는 one-way ticket(편도 차표), round-trip ticket(왕복표)이 있다는 것도 함께 알아 두세요.

Staff_
무엇을 도와 드릴까요?

Customer_
인천까지 왕복표 한 장 주세요.

Staff_
여기 있습니다.

Customer_
고맙습니다.

❶ **Please give me a one-way ticket to Ulsan.**
울산까지 편도표 한 장 주세요.

❷ **Please give me a round-trip ticket to Seoul.**
서울까지 왕복표 한 장 주세요.

❸ **Two round-trip tickets to Busan, please.**
부산까지 왕복표 두 장 주세요.

❹ **A one-way ticket to Tokyo, please.**
도쿄까지 편도표 한 장 주세요.

❺ **Please give me a round-trip ticket to New York.**
뉴욕까지 왕복표 한 장 주세요.

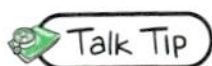
Talk Tip

상대방에게 감사를 표현하는 Thanks a million.(정말 고맙습니다.)이나 I owe you (one).(고마워, 신세 졌어.)도 함께 익혀 두세요.

I'll tell you what.

자, 이렇게 합시다.

대화에서 서로 간의 의견이 분분하여 합의에 이르지 못하고 갈팡질팡하고 있을 때 누군가가 분위기를 일신하기 위해서 새로운 의견을 제시하게 됩니다. 이럴 때 쓸 수 있는 표현입니다. 의미는 '자, 이렇게 합시다.' 또는 '있잖아요, 이렇게 하는 게 어떨까요?'입니다.

Jason_
무엇을 먼저 해야 할지 모르겠군요.

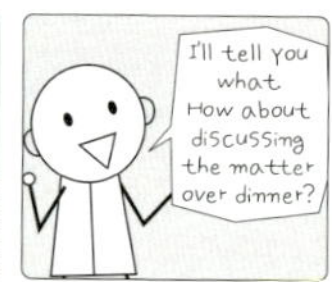

Billy_
이렇게 합시다. 저녁 먹으면서 그 문제를 논의하는 게 어떨까요?

Jason_
그게 좋겠네요. 몇 시에 만날까요?

Billy_
우체국 앞에서 7시에 만납시다.

❶ **I'll tell you what. Let's take a break for a moment.**
　 자, 이렇게 합시다. 잠시 동안 쉽시다.

❷ **I'll tell you what. Let's go for a walk.**
　 자, 이렇게 합시다. 산책을 하죠.

❸ **I'll tell you what. Let's reschedule our meeting.**
　 자, 이렇게 합시다. 우리 모임을 재조정합시다.

❹ **I'll tell you what. I'll give him a call immediately.**
　 자, 이렇게 합시다. 제가 그에게 즉시 전화할게요.

❺ **I'll tell you what. How about doing it again?**
　 자, 이렇게 합시다. 다시 하는 게 어떨까요?

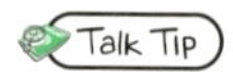

Talk Tip

'몇 시에 만날까요?'에 해당하는 영어 표현이 What time shall we make it?입니다.

Wish me luck.

행운을 빌어 줘요.

중대한 일을 앞두고 있을 경우에 우리는 '행운을 빌어 줘요.'라는 말을 자주 하게 되는데 영어로는 Wish me luck.이라고 합니다. 이 표현은 아주 친한 관계에서만 사용합니다.

Jason_
대학 졸업 후 무엇을 할 계획인가요?

Billy_
외국에서 공부를 할 계획이에요. **행운을 빌어 줘요.**

Jason_
당신의 행운을 빌게요.

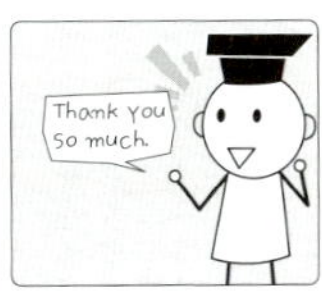

Billy_
정말 고마워요.

❶ **I'm going to propose to her tonight.** Wish me luck.
오늘밤 그녀에게 프로포즈를 할 겁니다. 행운을 빌어 줘요.

❷ **I'm going to take my driving test again.** Wish me luck.
다시 운전면허 시험을 봅니다. 행운을 빌어 줘요.

❸ **I'm going to have a job interivew tomorrow.** Wish me luck.
저는 내일 면접을 볼 예정이에요. 행운을 빌어 줘요.

❹ **I will make a speech tomorrow.** Wish me luck.
저는 내일 연설을 할 겁니다. 행운을 빌어 줘요.

❺ **I'll get through.** Wish me luck.
저는 할 수 있을 겁니다. 행운을 빌어 줘요.

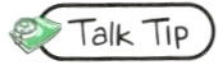
Talk Tip

I'll have my fingers crossed for you.라고 하면 '당신의 행운을 빌겠습니다.'라는 의미입니다.

Are you game?

너도 같이 할래?

명사인 game이 형용사로 사용되면 '기꺼이 ~하는, ~할 의향이 있는'이라는 의미로 ready, willing과 같은 뜻이 됩니다. 보통 가볍고 재미있는, 오락성이 짙은 일을 할 생각이 있냐고 물을 때 game을 쓰면 좋습니다.

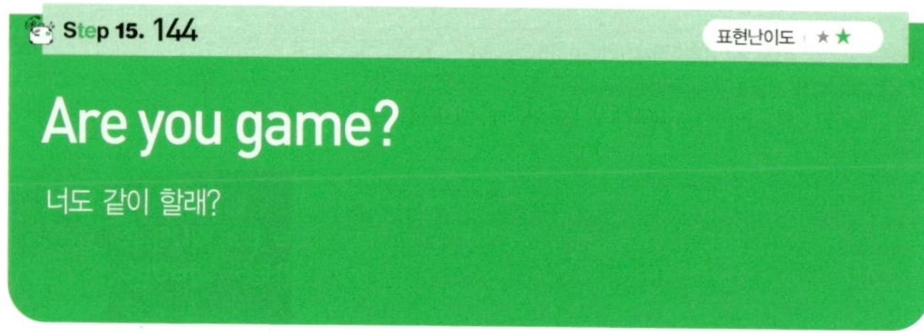

Jason_
춤추고 싶은데, **같이 출래요?**

Jane_
춤이라면, 저는 몸치예요. 당신은요?

Jason_
저는 춤을 잘 춰요. 그리고 모든 종류의 음악을 좋아해요.

Jane_
아, 몰랐어요.

❶ **I'm going out to eat. Are you game?**
나가서 식사할 건데, 같이 갈래?

❷ **I'm going to go see a movie. Are you game?**
난 영화 보러 갈 건데, 너도 갈래?

❸ **I'm going to grab a beer. Are you game?**
난 맥주 한잔하려고 해. 같이 마실래?

❹ **I'm ready to tackle the dishes. Are you game?**
설거지 할 준비가 됐는데, 좀 도와줄래?

❺ **I'm ready to hike up the hill. Are you game?**
등산 갈 준비가 됐는데, 같이 갈래?

 Talk Tip

I have two left feet.이라는 표현은 '난 몸치야, 춤에 소질 없어.'라는 뜻입니다.

How many times do I have to tell you?

몇 번이나 말해야 하나요?

시험에도 자주 등장하고 일상에서도 자주 사용할 수 있는 회화 패턴 중에 하나입니다. 「How many times do I have to + 동사…」의 패턴에서 동사만 바꾸어 넣어 '내가 몇 번을 ~해야 합니까?'라는 의미를 다양하게 표현할 수 있습니다.

Jason_
성함이 뭐였죠?

Bob_
몇 번이나 말해야 하나요?

Jason_
있잖아요, 제 기억력이 조금은
예전 같지 않아요.

Bob_
그냥 Bob이라 불러 주세요.

❶ **How many times do I have to tell you my name?**
제 이름을 몇 번이나 말해야 됩니까?

❷ **How many times do I have to try?**
몇 번이나 더 시도해야 하죠?

❸ **How many times do I have to go there?**
그곳에 제가 몇 번이나 가야 합니까?

❹ **How many times do I have to call her?**
그녀에게 몇 번이나 전화해야 하나요?

❺ **How many times do I have to contact him?**
몇 번이나 그와 연락해야 됩니까?

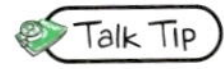
Talk Tip

My memory is a little rusty.에서 rusty는 '녹슨, 예전같지 않은'이라는 뜻입니다.

I have money to burn.

저는 돈이 많아요.

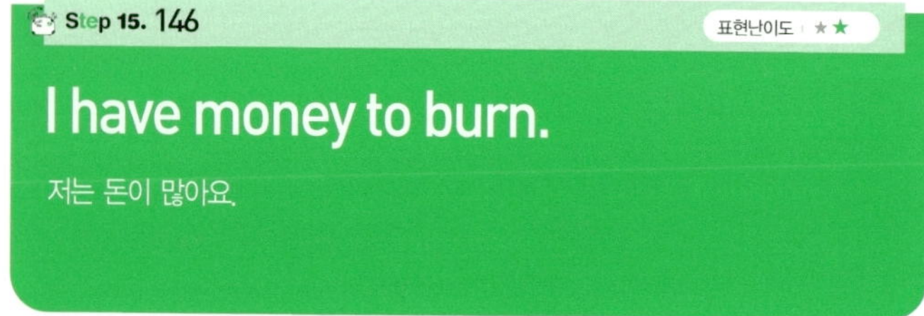

문장을 그대로 직역하면 '태울 돈이 있다.'라는 뜻이지만, I have a lot of money. 또는 I have much money.와 똑같은 의미입니다.

Jason_
Tony! 당신은 돈을 물 쓰듯 하는 것 같아요.

Tony_
그렇게 생각하는 이유가 뭐죠?

Jason_
옷 구입하는 데 너무 많은 돈을 쓰고 있잖아요.

Tony_
사실, 저는 돈이 많아요.

❶ **Mike has money to burn. He buys everything he wants.**
Mike는 돈이 많아요. 그는 원하는 건 다 사요.

❷ **I have money to burn. I mean, I can buy whatever I want.**
난 돈이 많아. 원하는 건 다 살 수 있다는 말이지.

❸ **Jenny has money to burn. Money burns a hole in her pocket.**
Jenny는 돈이 많아요. 그녀는 돈을 물 쓰듯 합니다.

❹ **You have money to burn. But I think you're such a cheapskate.**
너는 돈이 많아. 하지만 넌 정말 짠돌이 같아.

❺ **He has money to burn, but he's so cheap.**
그는 돈이 많지만 너무 인색해요.

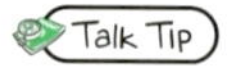 Talk Tip

'돈을 물 쓰듯 하는군요.'에 해당하는 영어 표현이 Money burns a hole in your pocket.입니다.

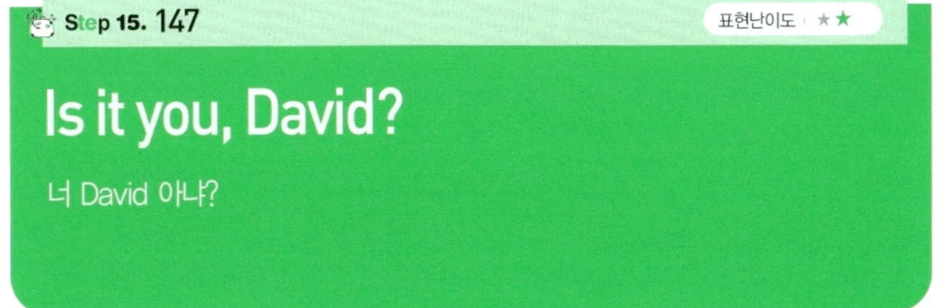

표현난이도 : ★ ★

Is it you, David?

너 David 아냐?

우연히 반가운 사람을 만날 때 쓸 수 있는 말입니다. 오랜만에 반가운 친구들을 만나면 Look who's here! Is it you, ...?(이게 누구야! 너 ~ 아니니?)라는 표현을 써 보세요.

Jason_
이게 누구야! 너 David 아냐?

David_
이게 웬일이니! 정말 오랜만이야. 어떻게 지냈어?

Jason_
잘 지냈지. David, 넌 그대로구나.

David_
고마워.

❶ **Is it you, Molly? Long time no see.**

너 Molly 아냐? 오랜만이네.

❷ **Is it you, Mike? It's been a long time since I saw you last.**

너 Mike 아냐? 정말 오랜만이야.

❸ **Is it you, Jane? It's hard to catch you.**

너 Jane 아냐? 얼굴 보기 어렵다.

❹ **Is it you, Bob? You're quite a stranger.**

너 Bob 아냐? 오랜만이야.

❺ **Is it you, Tom? I haven't seen you for ages. How have you been?**

너 Tom 아냐? 정말 오랜만이야. 어떻게 지냈니?

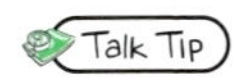 Talk Tip

I haven't seen you in ages.는 Long time no see.처럼 '정말 오랜만입니다.'라는 표현입니다.

I just wanted to let you know my new address.

제 새 주소를 알려 주려고 했을 뿐입니다.

일상생활에서 자주 등장하는 표현으로 「I just wanted to let you + 동사」는 '당신에게 ~하려고 했을 뿐입니다'라는 뜻입니다. 「let+목적어+동사」는 '목적어가 ~하게 두다'라는 표현이므로 함께 익혀 두세요.

Bob_
오늘 아침에 왜 전화를 했는지 물어봐도 될까요?

Sally_
제 새 주소를 알려주려고 했을 뿐이에요.

Bob_
새 주소요?

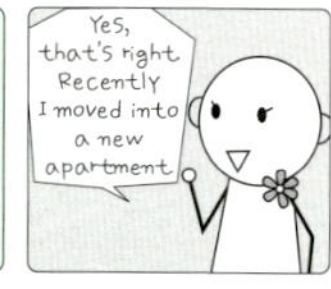

Sally_
네, 맞아요. 최근에 새 아파트로 이사를 했거든요.

❶ I just wanted to let you go home.
당신이 집에 가도록 해 주고 싶었을 뿐입니다.

❷ I just wanted to let you do that way.
당신이 그런 식으로 하도록 해 주고 싶었을 뿐입니다.

❸ They just wanted to let me make my decision.
그들은 내가 결정하도록 해 주고 싶었을 뿐입니다.

❹ He just wanted to let me be alone.
그는 단지 나를 혼자 있게 해 주고 싶었을 뿐입니다.

❺ I just wanted to let you know my name.
단지 제 이름을 알려 주고 싶었을 뿐입니다.

 Talk Tip

상대방에게 정중하게 이유를 묻고 싶다면 May I ask why you...?라고 질문을 하면 됩니다.

I have a skeleton in the closet.

저는 말 못할 비밀이 있어요.

skeleton은 '해골'이라는 뜻이어서 그대로 직역하면 '나는 옷장에 해골을 숨겨 놓고 있다.'라는 말이죠. 만약 옷장에 해골을 숨겨 놓았다면 그 사실을 누군가에게 얘기하지 못할 것입니다. 그래서 특히 수치스러운 비밀이 있어서 말하기 어려운 경우에 이 표현을 쓸 수 있습니다.

Nina_
John, 무슨 일인가요? 근심이 있는 것처럼 보이네요.

John_
있잖아요, **저는 말 못할 비밀이 있어요.**

Nina_
그게 뭔데요? 원하면, 내게 말해도 돼요.

John_
글쎄요, 비밀로 해 두는 편이 좋겠어요.

❶ **Mike** has a skeleton in the closet.

Mike는 말 못할 비밀이 있습니다.

❷ **You seem to** have a skeleton in the closet. **Just spit it out.**

당신은 말 못할 비밀이 있는 것 같아요. 그냥 털어놔 봐요.

❸ **Sunny** has a skeleton in the closet, **but I don't want to know it.**

Sunny는 말 못할 비밀이 있습니다. 하지만 나는 알고 싶지 않아요.

❹ **My wife** has a skeleton in the closet. **I wonder what it is.**

제 아내는 말 못할 비밀이 있습니다. 그게 뭔지 궁금해요.

❺ **They say you** have a skeleton in the closet. **Is that true?**

말 못할 고민이 있다고 하던데, 사실이에요?

 **Talk Tip**

상대방의 질문에 대답하기 곤란한 경우에 I'd prefer to keep it confidential.이라고 말할 수 있습니다.

That's too personal.

대답하기가 좀 곤란하네요.

형용사인 personal에는 '개인적인, 사적인'이라는 뜻 외에도 '개인의 사생활에 관한'이라는 뜻도 있습니다. 상대방이 자신에게 대답하기 곤란한 질문(예컨대, 나이나 결혼 여부 등의 사적인 것들)을 한 경우에 That's too personal.이라고 답하여 상황을 피해 갈 수 있습니다.

Jason_
사적인 질문 하나 해도 될까요?

Billy_
물론이죠. 무엇을 알고 싶나요?

Jason_
언제 결혼할 계획입니까?

Billy_
글쎄요, 대답하기가 좀 곤란하네요.

❶ **May I ask your age? ~ That's too personal.**
나이를 여쭤 봐도 될까요? ~ 대답하기가 좀 곤란하군요.

❷ **Are you seeing anyone? ~ That's too personal.**
만나는 사람 있나요? ~ 대답하기가 좀 곤란하군요.

❸ **How much do you weigh? ~ That's too personal.**
몸무게가 어떻게 됩니까? ~ 대답하기가 좀 곤란하군요.

❹ **Why did you fail the exam again? ~ That's too personal.**
왜 시험에 또 떨어졌나요? ~ 대답하기가 좀 곤란하군요.

❺ **Why did you break up with your boyfriend? ~ That's too personal.**
왜 남자 친구와 헤어졌어요? ~ 대답하기가 좀 곤란하군요.

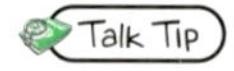
Talk Tip

사적인 질문을 하고 싶을 때에는 May I ask you a personal question?이라고 말을 건네면 됩니다.

Let's take a **Review**

141. 부산까지 왕복권 한 장 주세요.
(Busan, please, ticket, me, give, round-trip, a, to)

_________________________________ .

142. 자, 이렇게 합시다. (what, tell, I'll, you)

_________________________________ .

143. 행운을 빌어 줘요. (luck, me, wish)

_________________________________ .

144. 너도 같이 할래? (are, game, you)

_________________________________ ?

145. 몇 번이나 말해야 하나요? (how, you, times, have to, many, do, I, tell)

_________________________________ ?

146. 저는 돈이 많아요. (burn, to, I, money, have)

_________________________________ .

147. 너 David 아냐? (David, you, is, it)

_________________________________ ?

148. 제 새 주소를 알려 주려고 했을 뿐입니다.
(address, my, new, let, wanted, you, I, know, to, just)

_________________________________ .

149. 저는 말 못할 비밀이 있어요. (closet, I, a, have, in, skeleton, the)

_________________________________ .

150. 대답하기가 좀 곤란하네요. (personal, that's, too)

_________________________________ .

Step 16

151 I'm planning to spend a lot of time with my kids during the weekend.
주말 동안 아이들과 많은 시간을 보내려고 합니다.

152 My heart starts beating faster even if I just think about flying.
비행기를 탈 생각만 해도 벌써 가슴이 설레요.

153 If you don't mind, I would like to give you a hand with your baggage.
괜찮으시다면 짐 옮기는 것을 도와 드리고 싶습니다.

154 What I wanted to talk to you about was my summer vacation.
제가 말하고자 한 것은 제 여름휴가에 관해서예요.

155 I'll pop out and grab a bite to eat when I feel hungry.
배가 고프면 잠시 밖에 나가서 요기를 할 겁니다.

156 I've been trying to ask you this for a very long time.
아주 오랫동안 이것을 물어보려고 했습니다.

157 I just wanted to make sure that you are all right.
당신이 잘 있는지 확인하고 싶었을 뿐입니다.

158 I can't make heads or tails out of it.
뭐가 뭔지 도저히 이해가 안 돼요.

159 If it's not too much trouble to you, could you possibly tell me about your family?
대단히 죄송하지만 가족에 대해 말씀해 주시겠어요?

160 The only thing I really want to do is making a lot of money.
정말 하고 싶은 유일한 것은 돈을 많이 버는 겁니다.

I'm planning to spend a lot of time with my kids during the weekend.

주말 동안 아이들과 많은 시간을 보내려고 합니다.

「I'm planning to + 동사」가 기본적인 회화 패턴으로 쓰였고 '~할 계획이다'라는 의미입니다. 뒤에 계획 중인 일을 말하고 마지막에 시간을 나타내는 부사(구)를 붙여 주면 됩니다.

Jason_
주말 계획이 뭐죠?

Billy_
주말 동안 아이들과 많은 시간을 보내려고 합니다.

Jason_
좋은 아빠임에 틀림없군요. 맞죠?

Billy_
나도 그렇게 생각합니다.

❶ I'm planning to spend a lot of time with **my wife on Sunday.**
일요일에 아내와 많은 시간을 보내려고 합니다.

❷ I'm planning to spend a lot of time with **my family every day.**
매일 가족과 함께 많은 시간을 보내려고 합니다.

❸ I'm planning to spend a lot of time with **my coworkers after work.**
일과 후에 직장 동료들과 많은 시간을 보내려고 합니다.

❹ I'm planning to spend a lot of time with **my parents during the weekend.**
주말 동안에 부모님과 많은 시간을 보내려고 합니다.

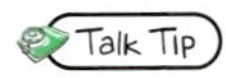 Talk Tip

'주말 계획이 뭐죠?'를 영어로 표현하면 What's your plan for the weekend?라고 합니다.

My heart starts beating faster even if I just think about flying.

비행기를 탈 생각만 해도 벌써 가슴이 설레요.

동사 start는 목적어로 to 부정사와 동명사를 동시에 취할 수가 있는데 의미에는 별 차이가 없습니다. 또한, 동사 beat는 여기서 '심장이 뛰다'라는 뜻으로 beat faster는 심장이 두근거려 더 빨리 뛰고 있음을 표현합니다.

Jason_
안녕하세요, Tom. 전에 해외에 가본 적이 있나요?

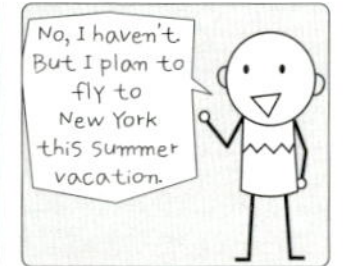

Tom_
없어요. 하지만 이번 여름휴가에 뉴욕에 갈 계획입니다.

Jason_
농담이시죠?

Tom_
농담 아닙니다. 사실, **비행기를 탈 생각만 해도 벌써 가슴이 설레요.**

❶ **My heart starts beating faster even if I just think about traveling.**

여행 생각만 해도 벌써 가슴이 설레요.

❷ **My heart starts beating faster even if I just think about studying abroad.**

외국에서 공부를 할 생각만 해도 벌써 가슴이 설레요.

❸ **My heart starts beating faster even if I just think about marrying her.**

그녀와 결혼할 생각만 해도 벌써 가슴이 설레요.

❹ **My heart starts beating faster even if I just think about living in New York.**

뉴욕에서 살 생각만 해도 벌써 가슴이 설레요.

If you don't mind, I would like to give you a hand with your baggage.

괜찮으시다면 짐 옮기는 것을 도와 드리고 싶습니다.

누군가를 도와주고 싶을 때, If you don't mind, I would like to give you a hand with…의 표현을 사용하여 정중하게 의견을 물어 보면 됩니다. 물론 간단하게 May I help you with…? 라고 해도 괜찮습니다.

Jason_
괜찮으시다면 짐 옮기는 것을 도와 드리고 싶습니다.

Billy_
고맙지만 혼자서 할 수 있습니다.

Jason_
제 도움이 필요하시면 즉시 알려 주십시오.

Billy_
네, 그렇게 할게요.

❶ If you don't mind, I would like to give you a hand with **the project.**

괜찮으시다면 그 프로젝트를 도와 드리고 싶습니다.

❷ If you don't mind, I would like to give you a hand with **your assignment.**

괜찮다면 당신 업무를 도와 드리고 싶습니다.

❸ If you don't mind, I would like to give you a hand with **your report.**

괜찮으시다면 보고서 쓰는 것을 도와 드리고 싶습니다.

❹ If you don't mind, I would like to give you a hand with **your work.**

괜찮으시다면 당신 일을 도와 드리고 싶습니다.

What I wanted to talk to you about was my summer vacation.

제가 말하고자 한 것은 제 여름휴가에 관해서예요.

영어로 What I wanted to talk to you about was...를 우리말로 직역하면 '당신에게 이야기하고자 했던 것은 ~였습니다'이지만, 상황에 따라서 '제가 말하고자 한 것은 ~에 관해서입니다'라고 해석하는 것이 좋습니다.

Jason_
David, 시간 좀 있어요?

David_
물론이죠. 들어오세요.

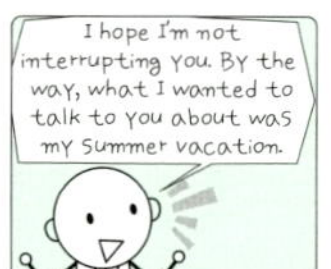

Jason_
방해가 안 됐으면 좋겠군요. 그건 그렇고, **제가 말하고자 한 것은 제 여름휴가에 관해서예요.**

David_
그것에 대해서는 듣고 싶지 않아요.

❶ **What I wanted to talk to you about was** your trip to Africa.
제가 말하고자 한 것은 당신의 아프리카 여행에 관해서예요.

❷ **What I wanted to talk to you about was** your promotion.
제가 말하고자 한 것은 당신의 승진에 관해서예요..

❸ **What I wanted to talk to you about was** my new assignment.
제가 말하고자 한 것은 제 새로운 업무에 관해서예요.

❹ **What I wanted to talk to you about was** my winter vacation.
제가 말하고자 한 것은 제 겨울 휴가에 관해서예요.

❺ **What I wanted to talk to you about was** this movie.
제가 말하고자 한 것은 이 영화에 관해서예요..

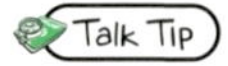
Talk Tip

Do you have a minute?는 '시간 좀 있어요?'라는 뜻으로 잠시 이야기를 나누고 싶을 때 사용합니다.

I'll pop out and grab a bite to eat when I feel hungry.

배가 고프면 잠시 밖에 나가서 요기를 할 겁니다.

표현 중에 pop out은 '잠깐 밖에 나가다'라는 뜻이며 grab a bite to eat은 '간단하게 요기를 하다'라는 뜻입니다. 그래서 Let's grab a bite to eat.이라고 하면 '잠깐 요기나 합시다.'라는 의미가 됩니다.

Jason_
퇴근하기 전에 끝내야 할 일들이 많아요.

Billy_
저녁은 어떻게 하고요?

Jason_
배가 고프면 잠시 밖에 나가서 요기를 할 겁니다.

Billy_
알았습니다. 하지만 너무 무리하지 마세요.

❶ I'll pop out and grab a bite to eat when I want to eat dinner.
저녁을 먹고 싶을 때 잠시 밖에 나가서 요기를 할 겁니다.

❷ I'll pop out and grab a bite to eat when I'm in the mood to have dinner.
저녁을 먹고 싶은 기분이 들 때 잠시 밖에 나가서 요기를 할 겁니다.

❸ I'll pop out and grab a bite to eat when I'm really hungry.
배가 정말 고플 때 잠시 밖에 나가서 요기를 할 겁니다.

❹ I'll pop out and grab a bite to eat when I'm starving.
너무 배가 고프면 잠시 밖에 나가서 요기를 할 겁니다.

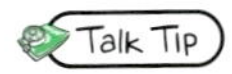
Talk Tip

영어로 Please don't work too hard.는 '너무 무리해서 일하지 마십시오.'라는 뜻입니다.

I've been trying to ask you this for a very long time.

아주 오랫동안 이것을 물어보려고 했습니다.

「have been -ing」는 현재완료 진행형으로 '과거부터 지금까지 ~을 계속해 왔다'는 뜻이므로 「I've been trying to + 동사」는 '~하려고 해 왔다'라고 해석할 수 있습니다.

Douglas_
Sunny!

Sunny_
예?

Douglas_
아주 오랫동안 이 말을 하려고 했습니다. 저와 결혼해 줄래요?

Sunny_
아, Douglas. 이 순간을 30년 간 기다려 왔어요.

❶ I've been trying to **go to Japan** for a very long time.
아주 오랫동안 일본에 가려고 했습니다.

❷ I've been trying to **go on a picnic** for a very long time.
아주 오랫동안 소풍을 가려고 했습니다.

❸ I've been trying to **go fishing** for a very long time.
아주 오랫동안 낚시를 가려고 했습니다.

❹ I've been trying to **treat you to dinner** for a very long time.
아주 오랫동안 당신에게 저녁을 대접하려고 했습니다.

❺ I've been trying to **give her a call** for a very long time.
아주 오랫동안 그녀에게 전화하려고 했습니다.

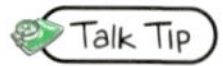
Talk Tip

「I've been waiting for this moment for + 기간」은 '~동안 이 순간을 기다려 왔습니다'라는 표현입니다.

I just wanted to make sure that you are all right.

당신이 잘 있는지 확인하고 싶었을 뿐입니다.

「I just wanted to make sure that...」은 '~한지 확인하려 했을 뿐입니다'라는 뜻입니다. 여기서 make sure는 '~을 확실히 하다'라는 의미로 자주 쓰이니 함께 익혀 두시길 바랍니다.

Sidney_
여보세요.

Billy_
안녕, Sidney. 어디에 있어요? 여기저기 찾아 다녔잖아요.

Sidney_
저기, 지금은 길게 통화를 할 수가 없네요. **당신이 잘 있는지 확인하고 싶었어요.**

Billy_
저는 괜찮아요.

❶ **I just wanted to make sure that you understood everything.**
당신이 모든 것을 다 이해했는지 확인하고 싶었을 뿐입니다.

❷ **I just wanted to make sure that you made up your mind.**
당신이 마음의 결정을 했는지 확인하고 싶었을 뿐입니다.

❸ **I just wanted to make sure that you enjoyed your flight.**
당신이 비행기 여행을 즐겼는지 확인하고 싶었을 뿐입니다.

❹ **I just wanted to make sure that everything is under control.**
모든 것이 순조롭게 진행되고 있는지 확인하고 싶었을 뿐입니다.

❺ **I just wanted to make sure that everything is ready.**
모든 것이 준비되었는지 확인하고 싶었을 뿐입니다.

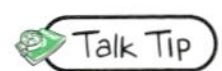
Talk Tip

상대방을 여기저기 찾고 있었을 때 I've been looking all over for you.라고 표현할 수 있습니다.

표현난이도 ★ ★ ★

I can't make heads or tails out of it.

뭐가 뭔지 도저히 이해가 안 돼요.

can't make heads or tails out of는 '전혀 감을 잡을 수가 없고 이해할 수가 없다, 뭐가 뭔지 분간을 할 수가 없다'라는 뜻입니다. 무엇인가가 이해되지 않을 때 쓸 수 있는 표현인데, 머리나 꼬리를 구별할 수 없다는 말은 전혀 감이 안 잡힌다는 의미나 마찬가지겠죠.

Jane_
제 보고서를 어떻게 생각하십니까?

Billy_
사실을 말하자면, 완전 엉망입니다.

Jane_
왜 그렇게 생각하시죠?

Billy_
뭐가 뭔지 도저히 이해가 안 돼요.

❶ **I can't make heads or tails out of** this case.
이번 사건은 뭐가 뭔지 도저히 이해가 안 됩니다.

❷ **I can't make heads or tails out of** his lecture.
그의 강의는 전혀 이해를 못하겠어요.

❸ **I can't make heads or tails out of** your report.
당신 보고서를 전혀 이해 못하겠습니다.

❹ **I can't make heads or tails out of** this monthly financial report.
이 월간 재무 보고서를 도저히 이해 못하겠어요.

❺ **I can't make heads or tails out of** her presentation.
그녀의 발표가 도저히 이해가 안 됩니다.

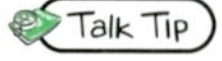 Talk Tip

영어로 It's a mess.는 '엉망진창이다.'라는 뜻입니다. 이것을 좀 더 쉬운 표현으로 말하면 It's really bad.입니다.

If it's not too much trouble to you, could you possibly tell me about your family?

대단히 죄송하지만 가족에 대해 말씀해 주시겠어요?

영어로 If it's not too much trouble to you, could you possibly tell me about...?은 '대단히 죄송하지만 ~에 대해 말씀해 주시겠어요?'라는 뜻으로 아주 공손한 표현입니다.

Jason_
대단히 죄송하지만 가족에 대해 말씀해 주시겠어요?

Susan_
저희 식구는 다섯 명입니다.

Jason_
아버님 직업을 여쭈어 봐도 괜찮습니까?

Susan_
괜찮아요. 아버지는 엔지니어입니다.

❶ If it's not too much trouble to you, could you possibly **tell me about your marital status?**

대단히 죄송하지만 혹시 결혼은 하셨는지요?

❷ If it's not too much trouble to you, could you possibly **tell me about this policy again?**

대단히 죄송하지만 이 정책에 대해서 다시 말씀해 주시겠습니까?

❸ If it's not too much trouble to you, could you possibly **help me with my project?**

대단히 죄송하지만 제 프로젝트 좀 도와주시겠어요?

❹ If it's not too much trouble to you, could you possibly **pick me up at the airport?**

대단히 죄송하지만 공항에 데리러 와 주시겠어요?

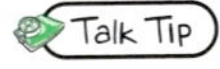
Talk Tip

Would you mind if I ask...?는 '~를/을 여쭈어 봐도 괜찮겠습니까?'라는 공손한 표현입니다.

The only thing I really want to do is making a lot of money.

정말 하고 싶은 유일한 것은 돈을 많이 버는 겁니다.

기본적인 패턴인 The only thing I really want to do is...만 잘 기억해서 활용해 보세요. 참고로, '돈을 많이 벌다'를 영어로 표현하면 make a lot of money라고 합니다.

Jason_
우선 하고 싶은 게 뭐죠?

Billy_
좀 어려운 질문이네요.

Jason_
에이, 그냥 얘기해 봐요.

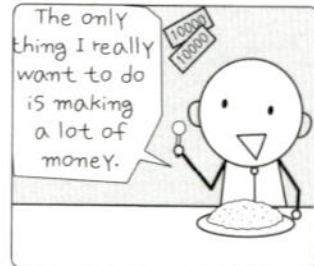

Billy_
정말 하고 싶은 유일한 건 돈을 많이 버는 겁니다.

❶ **The only thing I really want to do is succeeding.**
정말 하고 싶은 유일한 것은 성공하는 겁니다.

❷ **The only thing I really want to do is telling you the truth.**
정말 하고 싶은 유일한 것은 당신에게 진실을 말하는 겁니다.

❸ **The only thing I really want to do is traveling abroad.**
정말 하고 싶은 유일한 것은 해외여행을 하는 겁니다.

❹ **The only thing I really want to do now is taking a nap.**
지금 정말 하고 싶은 유일한 것은 낮잠을 자는 겁니다.

❺ **The only thing I really wanted to do was spending some time with my family.**
정말 하고 싶었던 유일한 것은 가족과 시간을 보내는 것이었습니다.

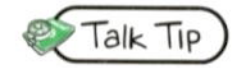
Talk Tip

대답하기 좀 곤란할 때 It's a tough question.(어려운 질문이네요.)이라고 답할 수 있습니다.

Let's take a **Review**

151. 주말 동안 아이들과 많은 시간을 보내려고 합니다.
(weekend, the, I'm, time, with, a lot of, planning, spend, to, during, kids, my)

____ .

152. 비행기를 탈 생각만 해도 벌써 가슴이 설레요.
(flying, my, heart, faster, even if, starts, beating, I, think, just, about)

____ .

153. 괜찮으시다면 짐 옮기는 것을 도와 드리고 싶습니다.
(baggage, if, mind, you, would, I, like, don't, to, with, you, give, a, hand, your)

____ .

154. 제가 말하고자 한 것은 제 여름휴가에 관해서예요.
(vacation, wanted, my, what, summer, I, to, about, was, you, talk, to)

____ .

155. 배가 고프면 잠시 밖에 나가서 요기를 할 겁니다.
(a, bite, hungry, I, feel, I'll, out, and, pop, grab, eat, to, when)

____ .

156. 오랫동안 이것을 물어보려고 했습니다.
(time, for, long, I've, been, ask, this, you, trying, to, very, a)

____ .

157. 당신이 잘 있는지 확인하고 싶었을 뿐입니다.
(just, I, all right, make, wanted, you, sure, are, to, that)

____ .

158. 뭐가 뭔지 도저히 이해가 안 돼요.
(I, it, out of, make, tails, can't, heads, or)

____ .

159. 대단히 죄송하지만 가족에 대해 말씀해 주시겠어요? (if, too, family, it's,
much, could, you, to, you, about, me, your, not, trouble, possibly, tell)

____ ?

160. 정말 하고 싶은 유일한 것은 돈을 많이 버는 것입니다.
(money, the, I, really, thing, only, to, do, is, a lot of, making, want)

____ .

Step 17

161 I'd like to reserve a seat on a flight to Busan this Sunday.

이번 일요일에 부산으로 가는 비행기 좌석을 예약하고 싶습니다.

162 I don't like to go outside in the middle of the night.

한밤중에 외출하고 싶지 않아요.

163 You'll be sorry if you don't do your best.

최선을 다하지 않으면 후회할 겁니다.

164 I'm sorry to say that I lied to you last night.

어젯밤에 거짓말해서 미안해요.

165 It'll be much better than just sitting at home and watching TV.

집에 앉아서 TV 시청하는 것보다는 훨씬 더 나을 겁니다.

166 I don't like to be around my family during my free time.

여가 시간에 가족에게 둘러싸여 있는 걸 좋아하지 않아요.

167 How can I reach you if the copy machine breaks down again?

복사기가 또 고장나면 당신에게 어떻게 연락하면 되죠?

168 Could I get your advice on how to solve this problem?

이 문제를 어떻게 해결해야 할지 조언 좀 해 주시겠어요?

169 If you give me your phone number, I'll call you as soon as he arrives.

전화번호를 주시면 그가 도착하는 대로 제가 전화 드릴게요.

170 I don't think you need to worry too much about it.

그것에 대해서 너무 걱정할 필요는 없을 것 같아요.

I'd like to reserve a seat on a flight to Busan this Sunday.

이번 일요일에 부산으로 가는 비행기 좌석을 예약하고 싶습니다.

'비행기 좌석을 예약하다'를 영어로 표현하면 reserve a seat on a flight라고 합니다. reserve 대신에 book이라는 동사도 '예약하다'는 의미로 사용할 수 있습니다.

Receptionist_
손님, 무엇을 도와 드릴까요?

Customer_
이번 일요일에 부산으로 가는 비행기 좌석을 예약하고 싶어요.

Receptionist_
일등석을 원하세요, 아니면 일반석을 원하세요?

Customer_
일등석으로 해 주세요.

❶ **I'd like to reserve a seat on a flight to Dubai this Sunday.**
이번 일요일에 두바이로 가는 비행기 좌석을 예약하고 싶습니다.

❷ **I'd like to reserve a seat on a flight to Seoul this Friday.**
이번 금요일에 서울로 가는 비행기 좌석을 예약하고 싶습니다.

❸ **I'd like to reserve a seat on a flight to Tokyo this Saturday.**
이번 토요일에 도쿄로 가는 비행기 좌석을 예약하고 싶습니다.

❹ **I'd like to book a seat on a flight to New York tomorrow.**
내일 뉴욕으로 가는 비행기 좌석을 예약하고 싶습니다.

❺ **I'd like to book a seat on a flight to Chicago tonight.**
오늘밤에 시카고로 가는 비행기 좌석을 예약하고 싶습니다.

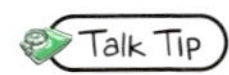
Talk Tip

대화 중에 나온 coach는 '일반석'을 뜻합니다.

I don't like to go outside in the middle of the night.

한밤중에 외출하고 싶지 않아요.

'한밤중에'를 영어로 어떻게 표현할 수 있을까요? 보통 원어민들은 in the middle of the night라고 합니다. in the middle of...는 '(한창) ~하는 도중에'라는 표현으로 in the middle of saying something(한창 말하는 도중에)과 같이 사용할 수 있습니다.

Jason_
오늘밤에 무엇을 할 겁니까?

Billy_
아직 계획은 없지만 평소처럼 집에 있을 겁니다.

Jason_
오늘밤 밖에 나가서 술 한잔 하는 게 어때요?

Billy_
한밤중에 밖에 나가고 싶지 않아요.

❶ I **don't like to work out** in the middle of the night.
한밤중에 운동하고 싶지 않아요.

❷ I **don't like to drink a lot of water** in the middle of the night.
한밤중에 물을 많이 마시고 싶지 않아요.

❸ **My son** doesn't like to **study** in the middle of the night.
제 아들은 한밤중에 공부하는 것을 좋아하지 않아요.

❹ I **don't like to give you a call** in the middle of the night.
한밤중에 당신에게 전화를 걸고 싶지 않아요.

❺ **He** doesn't like to **drive** in the middle of the night.
그는 한밤중에 운전하는 것을 좋아하지 않아요.

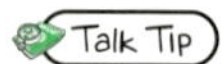 Talk Tip

How about -ing?는 제안의 뜻을 담고 있는 표현으로 많이 사용되는 영어 패턴입니다.

You'll be sorry if you don't do your best.

최선을 다하지 않으면 후회할 겁니다.

우리말에 '~하지 않으면 후회할 겁니다'라는 표현이 있는데 일반적으로 영어로는 「You'll be sorry if you don't + 동사」라고 표현합니다. do one's best는 '최선을 다하다'라는 의미로 함께 익혀 두세요.

Boss_
어제 왜 열심히 일을 안 했죠?

Billy_
일하고 싶은 기분이 아니었어요.

Boss_
최선을 다하지 않으면 분명 후회할 겁니다.

Billy_
전적으로 동의합니다.

❶ **You'll be sorry if you don't ask for my help.**
제 도움을 요청하지 않으면 후회할 겁니다.

❷ **You'll be sorry if you don't study English.**
영어 공부를 하지 않으면 후회할 겁니다.

❸ **You'll be sorry if you don't hurry.**
서두르지 않으면 후회할 겁니다.

❹ **You'll be sorry if you don't call her immediately.**
그녀에게 당장 전화하지 않으면 후회할 겁니다.

❺ **You'll be sorry if you don't sign up for this class.**
이 수업에 등록하지 않으면 후회할 겁니다.

 **Talk Tip**

상대방의 의견에 전적으로 동의할 때 I couldn't agree more.를 쓸 수 있습니다.

표현난이도 ㅣ ★ ★ ★

I'm sorry to say that I lied to you last night.

어젯밤에 거짓말해서 미안해요.

'~를/을 말하게 되어서 유감스럽습니다'를 영어로는 I'm sorry to say that...을 사용해 표현할 수 있습니다. 상대방에게 어쩔 수 없이 무언가를 얘기해야 하는 경우가 생길 때 위의 표현을 사용해서 말을 건네 보는 것이 좋습니다.

Susie_
할 말이 더 있나요?

Billy_
이 말은 하고 싶지 않지만 어젯밤에 거짓말해서 미안해요.

Susie_
이미 알고 있었어요.

Billy_
미안해요. 어쩔 수 없었어요.

❶ **I'm sorry to say that** you failed the exam again.
당신이 또 시험에 떨어졌다는 것을 말하게 돼 유감스럽습니다.

❷ **I'm sorry to say that** I can't go on a business trip to Japan.
일본으로 출장을 갈 수 없다는 것을 말하게 돼 유감스럽습니다.

❸ **I'm sorry to say that** he doesn't like you.
그가 당신을 좋아하지 않는다는 것을 말하게 돼 유감입니다.

❹ **I'm sorry to say that** she lied to you.
그녀가 당신에게 거짓말했다는 것을 말하게 돼 유감스럽군요.

❺ **I'm sorry to say that** I can't agree with you.
당신에게 동의할 수 없다는 것을 말하게 돼 유감스럽습니다.

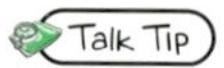
Talk Tip

I hate saying this but...은 '이 말은 하기 싫지만'이라는 뜻으로 어쩔 수 없이 무언가를 얘기해야 할 때 사용합니다.

표현난이도 ★ ★ ★

It'll be much better than just sitting at home and watching TV.

집에 앉아서 TV 시청하는 것보다는 훨씬 더 나을 겁니다.

비교급을 이용해서 It'll be much better than just...라고 하면 '단지 ~보다는 훨씬 더 나을 겁니다'라는 뜻이 됩니다. 여기서 much는 비교급 better를 강조해 주는 역할을 합니다.

Jason_
오늘밤 극장에 가는 게 어때요?

Sally_
글쎄요. 영화를 보고 싶지 않아요.

Jason_
자, 자, 집에 앉아서 TV 시청하는 것보다는 훨씬 더 나을 겁니다.

Sally_
정 그렇다면.

❶ **It'll be much better than you thought.**
당신이 생각했던 것보다는 훨씬 더 나을 겁니다.

❷ **It'll be much better than this lecture.**
이 강의보다는 훨씬 더 나을 겁니다.

❸ **It'll be much better than just watching a movie.**
영화만 보는 것보다는 훨씬 더 나을 겁니다.

❹ **It'll be much better than just sleeping at home.**
집에서 잠만 자는 것보다는 훨씬 더 나을 겁니다.

❺ **It'll be much better than just studying abroad.**
단지 해외에서 공부하는 것보다는 훨씬 더 나을 겁니다.

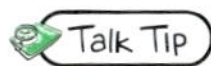
Talk Tip

「I don't want to + 동사」라고 하는 것보다는 「I don't feel like -ing」라고 하는 것이 더 세련된 표현입니다.

I don't like to be around my family during my free time.

여가 시간에 가족에게 둘러싸여 있는 걸 좋아하지 않아요.

be around my family는 '가족에게 둘러싸이다'라는 뜻이고, during my free time은 during my leisure time이라고 해도 좋습니다.

Jason_
여가 시간을 어떻게 보내시나요?

Billy_
도서관에서 여가 시간을 보냅니다.

Jason_
가족과 함께 있는 것을 좋아하지 않나요?

Billy_
여가 시간에 가족에게 둘러싸여 있는 걸 좋아하지 않아요.

❶ **I don't like to** be around other people *during my free time*.
여가 시간에 다른 사람들에게 둘러싸여 있는 것을 좋아하지 않아요.

❷ **I don't like to** work in the office *during my free time*.
여가 시간에 사무실에서 일하는 것을 좋아하지 않습니다.

❸ **I don't like to** be with my friends *during my free time*.
여가 시간에 친구들과 함께 있는 것을 좋아하지 않습니다.

❹ **I don't like to** play computer games *during my free time*.
여가 시간에 컴퓨터 게임을 하는 것을 좋아하지 않습니다.

❺ **I don't like to** be alone *during my free time*.
여가 시간에 혼자 있는 것을 좋아하지 않습니다.

Talk Tip

spend는 뒤에 시간, 돈, 노력 등을 나타내는 어휘가 와서 '소비하다, 쓰다'라는 의미로 쓰입니다.

How can I reach you if the copy machine breaks down again?

복사기가 또 고장나면 당신에게 어떻게 연락하면 되죠?

「How can I reach you if + 주어 + 동사…?」는 '만약 ~한다면 어떻게 당신에게 연락할 수 있나요?'라는 뜻입니다. 여기서 동사 reach는 '연락하다'라는 의미로, break down은 '고장나다'라는 의미로 쓰였습니다.

Jason_
복사기가 또 고장 나면 당신에게 어떻게 연락하면 되죠?

Billy_
제 휴대폰 번호가 여기 있습니다. 언제든지 도움이 필요하시면 연락 주세요.

Jason_
고맙습니다.

Billy_
천만에요.

❶ **How can I reach** you **if** my computer breaks down again?
제 컴퓨터가 또 고장 나면 당신에게 어떻게 연락하면 되나요?

❷ **How can I reach** you **if** my boss comes back?
사장님이 돌아오시면 당신에게 어떻게 연락하면 되나요?

❸ **How can I reach** you **if** something new happens?
뭔가 새로운 일이 생기면 당신에게 어떻게 연락하면 되나요?

❹ **How can I reach** him **while** he's on vacation?
그가 휴가 간 동안 그에게 어떻게 연락하면 되나요?

❺ **How can I reach** you **while** you are out?
당신이 나가 있는 동안 당신에게 어떻게 연락하면 되나요?

 **Talk Tip**

copy machine(복사기), vending machine(자판기), adding machine(계산기), answering machine(자동 응답기) 등의 machine이 들어간 표현도 함께 익혀 두세요.

Could I get your advice on how to solve this problem?

이 문제를 어떻게 해결해야 할지 조언 좀 해 주시겠어요?

무언가에 대해서 상대방의 충고나 조언이 필요한 경우, 정중하게 Could I get your advice on...?이라는 표현을 사용하여 상대방에게 조언을 구하면 좋습니다. 여기서 on은 '~에 대하여'라는 의미로 쓰였습니다.

John_
부탁 좀 해도 될까요?

Jane_
물론이죠, 무엇을 도와 드릴까요?

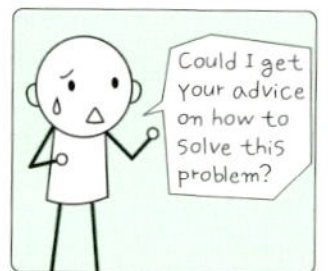

John_
이 문제를 어떻게 해결해야 할지 조언 좀 해 주시겠어요?

Jane_
물론이죠. 지금 좀 한가하거든요.

❶ Could I get your advice on how to **get there?**
그곳에 어떻게 가는지 조언 좀 해 주시겠어요?

❷ Could I get your advice on how to **play golf?**
골프를 어떻게 치는지 조언 좀 해 주시겠어요?

❸ Could I get your advice on how to **find a solution to the problem?**
그 문제에 대한 해결책을 어떻게 찾을지 조언 좀 해 주시겠어요?

❹ Could I get your advice on how to **stop smoking?**
어떻게 담배를 끊을지 조언 좀 해 주시겠어요?

❺ Could I get your advice on how to **succeed in life?**
어떻게 인생에서 성공할 수 있는지 조언 좀 해 주시겠어요?

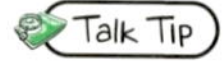
Talk Tip

상대방에게서 도움을 요청 받으면 I have some free time now.라고 답하고 도움을 주면 좋습니다.

표현난이도 ★ ★ ★

If you give me your phone number, I'll call you as soon as he arrives.

전화번호를 주시면 그가 도착하는 대로 제가 전화 드릴게요.

'누군가에게 전화를 걸다'에 해당하는 영어 표현은 상당히 다양합니다. call someone, give someone a call/ring/buzz 등이 자주 쓰이고, 때로는 '전화를 걸다'를 hit the phone이라고 도 표현합니다.

Jason_
실례합니다만 미스터 김이 언제 도착할지 아십니까?

Tom_
확실히 모르겠군요. 하지만 전화번호를 주시면 그가 도착하는 대로 제가 전화 드릴게요.

Jason_
제 휴대폰 번호가 여기 있습니다.

Tom_
고맙습니다.

❶ If you give me your phone number, I'll call you as soon as the book arrives.

전화번호를 주시면 책이 도착하는 대로 제가 전화할게요.

❷ If you give me your phone number, I'll give you a call as soon as I get there.

전화번호를 주시면 그곳에 도착하는 대로 제가 전화할게요.

❸ If you give me your phone number, I'll call you as soon as I arrive at the airport.

전화번호를 주시면 공항에 도착하는 대로 제가 전화할게요.

❹ If you give me your phone number, I'll give you a ring as soon as I make up my mind.

전화번호를 주시면 제가 결정하는 대로 전화할게요.

I don't think you need to worry too much about it.

그것에 대해서 너무 걱정할 필요는 없을 것 같아요.

상대방에게 '~에 대해서는 너무 걱정할 필요는 없을 것 같아요'라는 말을 전하고 싶을 경우에 I don't think you need to worry too much about...이라고 표현하면 됩니다. I think you don't need to...라고 말해도 같은 의미가 되겠죠.

Jason_
프로젝트를 어떻게 시간에 맞춰서 끝낼 수 있을지 모르겠어요.

Billy_
글쎄요, 그것에 대해서 너무 걱정할 필요는 없을 것 같아요.

Jason_
왜 그렇게 생각하죠?

Billy_
제가 당신을 도와줄 수 있기 때문입니다.

❶ **I don't think you need to worry too much about your promotion.**
당신 승진에 대해서 크게 걱정할 필요는 없을 것 같아요.

❷ **I don't think you need to worry too much about your future right now.**
지금 당장 당신 미래에 대해서 크게 걱정할 필요는 없다고 생각해요.

❸ **I don't think you need to worry too much about my health.**
내 건강에 대해서 크게 걱정할 필요는 없다고 생각해요.

❹ **I think you don't need to worry too much about my problem.**
제 문제에 대해서 크게 걱정할 필요는 없다고 생각해요.

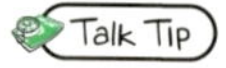
Talk Tip

I can give you a hand with...라고 하면 '제가 ~을/를 도와 드릴 수 있습니다'라는 뜻입니다.

Let's take a **Review**

161. 이번 일요일에 부산으로 가는 비행기 좌석을 예약하고 싶습니다.
(Sunday, I'd, Busan, reserve, a seat, a flight, on, to, this, like, to)

____ .

162. 한밤중에 외출하고 싶지 않아요.
(night, I, like, don't, middle, of, the, in, outside, go, to, the)

____ .

163. 최선을 다하지 않으면 후회할 겁니다.
(best, you'll, if, be, don't, you, sorry, your, do)

____ .

164. 어젯밤에 거짓말해서 미안해요.
(night, last, I'm, that, say, sorry, you, lied, to, I, to)

____ .

165. 집에 앉아서 TV 시청하는 것보다는 훨씬 더 나을 겁니다.
(TV, watching, it'll, better, than, much, just, sitting, and, home, at, be)

____ .

166. 여가 시간에 가족에게 둘러싸여 있는 걸 좋아하지 않아요.
(I, time, free, around, to, be, family, my, my, like, don't, during)

____ .

167. 복사기가 또 고장나면 당신에게 어떻게 연락하면 되죠?
(again, how, machine, I, reach, the, you, copy, down, can, breaks, if)

____ ?

168. 이 문제를 어떻게 해결해야 할지 조언 좀 해 주시겠어요?
(problem, to, could, I, how, this, advice, your, get, on, solve)

____ ?

169. 전화번호를 주시면 그가 도착하는 대로 제가 전화 드릴게요.
(if, me, arrives, your, he, phone, give, you, I'll, as soon as, you, call, number)

____ .

170. 그것에 대해서 너무 걱정할 필요는 없을 것 같아요.
(it, about, I, think, don't, worry, to, too much, you, need)

____ .